MARKETING E COMUNICAZIONE

MARKETING CONVERSAZIONALE

Luca De Felice

MARKETING CONVERSAZIONALE

Dialogare con i clienti attraverso i social media e il Real-Time Web di Twitter, FriendFeed e Facebook

Prefazione di Fabrizio Galimberti

GRUPPO 24 ORE

ISBN 978-88-6345-124-5

Sede legale e amministrazione: via Monte Rosa, 91 - 20149 Milano
Redazione: via G. Patecchio, 2 - 20141 Milano
Per informazioni: Servizio Clienti 02.3022.5680, 06.3022.5680
Fax 02.3022.5400 oppure 06.3022.5400
e-mail servizioclienti.libri@ilsole24ore.com

Fotocomposizione: Jo type di Nisticò F. snc, via Figino, 1/A - 20016 Pero (Mi)
Stampa: Rotolito Lombarda, via Roma 115/A - Pioltello (MI)

Prima edizione: marzo 2010

Sommario

Prefazione

«Tutte le imprese sono società di media». L'audace affermazione ("Every company is a media company") è di Andy Hayward, l'ex capo della CBS News. Come è possibile? La Ford, l'IBM, la Deutsche Bank, tutte società di media? Ci eravamo sbagliati a inserirle nel settore auto, nel settore informatica, nel settore bancario? Sì e no, come vedremo fra poco, facendo una distinzione fra rivoluzioni verticali e rivoluzioni orizzontali. Ma se vogliamo indagare più a fondo le ragioni del "sì" – e ce ne sono molte e convincenti – nulla è più utile di questo bel libro di Luca De Felice, che ci conduce per mano lungo le nuove stagioni del web, il Web 2.0 e il Real-Time Web.

Più che stagliarsi all'orizzonte, il Web 2.0 fa ormai parte della vita quotidiana degli internauti: un popolo che già tocca la metà della gente e che è inesorabilmente destinato a toccare tutto e tutti. E questo secondo assalto della Rete va ben oltre i prodigi tecnologici della telematica: avvolge nelle maglie strette della comunicazione quasi ogni interazione fra cittadini e imprese, imprese e imprese, cittadini e cittadini, qualunque sia il cappello – utente, consumatore, produttore, navigatore, ricercatore... – che di volta in volta indossiamo.

Ma prima di parlarne più a fondo, torniamo alle rivoluzioni verticali e a quelle orizzontali. Le prime sono quelle "industriali", le invenzioni o le scoperte che cambiano i modi di produrre. La prima rivoluzione fu quella che va ormai sotto il nome omnicomprensivo di "rivoluzione industriale": quella delle macchine a vapore del tardo Settecento (un secolo, sia detto per inciso, denso di rivoluzioni: prima di quella industriale ci fu quella finanziaria, con l'invenzione della moneta fiduciaria e dei mercati azionari; e più tardi, quasi in contemporanea all'industriale, la rivoluzione americana e la rivoluzione francese). Poi nell'Ottocento venne la seconda "rivoluzione industriale", l'elettricità. Negli anni Venti del Novecento la motorizzazione di massa e il cinema, dopo la seconda guerra mondiale le materie plastiche e l'elettronica.

Ma la quinta rivoluzione industriale, quella in corso (informatica, telecomunicazioni, nuovi materiali...) è forse la più importante di tutte. Perché non si tratta semplicemente di un'innovazione di processo e di prodotto, per quanto importante: è una "rivoluzione orizzontale" perché riguarda non solo tutti i settori produttivi, ma l'intero tessuto nervoso della vita sociale. Essenzialmente, la telematica ha abbassato a livelli nanometrici il costo dell'informazione. E cosa sono le imprese se non informazione organizzata a scopi produttivi? Questa disintegrazione del costo dell'informazione ha creato nuove opportunità di organizzazione della produzione, con catene di offerta che travalicano continenti e fusi orari. Ma soprattutto ha creato nuove opportunità di contatto nell'ordito e nella trama della società civile.

«We were in the mood for magic», "Eravamo di umor magico", scrisse una grande giornalista del *New York Times*, Anne O'Hare McCormick, a proposito dell'America dei ruggenti anni Venti. E lo stesso fermento sembra oggi animare tutte le iniziative che De Felice descrive. «Every company is a media company» perché la presenza sul web non è più una ciliegina sulla torta dell'impresa ma una parte pulsante dell'impresa stessa, il suo ponte non solo col mondo esterno, ma con il suo stesso mondo interno, il cuore di una "comunità" che mette insieme clienti e fornitori, dipendenti e manager, la passerella reattiva e proattiva su cui sfila il passato, il presente e il futuro dell'impresa.

De Felice descrive con passione e competenza tutte le forme che prende questa interazione fra imprese e clienti, e il discorso si allarga subito alle interazioni che riguardano i privati, i *peer-to-peer*, quell'inesausta necessità di comunicare che è fra i bisogni fondamentali dell'uomo e che l'autore inserisce nella sua digitale versione della famosa "Piramide di Maslow". A tutti noi sarà capitato di tornare a casa appena ci siamo accorti di essere usciti senza il telefonino, quasi ormai ci sentissimo nudi senza quello strumento (e c'è – l'autore lo confessa – anche chi si sente nudo senza il navigatore GPS). E a tutti noi sarà capitato, nella sala d'attesa di un aeroporto, vedere quanti trascorrono il tempo conversando al cellulare: ma come facevano quando non esistevano i telefonini? La stessa cosa potrebbe dirsi per l'e-mail e le chat e i tanti altri modi di comunicare, da Facebook a Twitter, che avvolgono il pianeta in un incessante ticchettare di messaggi e brusire di conversazioni.

La tecnologia ha portato in tutti gli angoli del vivere quotidiano quell'essenziale bisogno di contatto che prima si contentava dell'agorà o della piazza, del caffè o della lettera, della cartolina o della telefonata. E nello stesso tempo ha dato alle aziende mille canali e mille tentacoli per trasformare il rapporto fra compratore e venditore, dando spazio a motivazioni e interazioni che prima semplicemente non potevano esistere o trovavano espressioni solo episodiche.

Interazioni, si è detto. Perché, ci ricorda De Felice, la Generazione Y – quella versata nella tecnologia digitale – è ormai cosa vecchia: arriva la Generazione C, dove la "C" sta per i contenuti, il *content*. Il rapporto fra imprese e consumatori vede espandersi il traffico nei due sensi, utenti e clienti riversano "contenuti" nel circolo produzione-consumo e gli algoritmi della *search* vengono messi al servizio di un'interazione in cui, anziché semplici strumenti, il Web 2.0 diventa una comunità e il Real-Time Web una conversazione. Le imprese scoprono, sotto il tappeto del web, tesori inaspettati. Dice Eugenio Perrier, direttore Brand Development di Mulino Bianco, in uno dei "casi-intervista" che De Felice raccoglie in fondo al libro: «Della forza del marchio Pan di Stelle ci siamo resi conto da diversi anni. Contestualmente ci siamo anche accorti che Pan di Stelle, più che un prodotto, è un mondo che stimola e fa sognare attraverso un linguaggio creativo e fortemente coinvolgente che chiama alla condivisione».

Certamente, non c'è nulla di nuovo sotto il sole: il vecchio "passaparola" diventa il *buzz marketing*. Ma quel che c'è di nuovo è la portata del fenomeno, il coinvolgimento di massa: «La quantità ha una qualità tutta sua», disse Nikita Kruscev negli anni Sessanta; e anche se la battuta si riferiva al numero di testate nucleari che l'URSS andava ammassando, il concetto può egualmente adattarsi alle armi pacifiche della Rete.

Allora, avanti a tutta forza col Web 2.0 e il Real-Time Web? È vero che De Felice ne celebra le "magnifiche sorti e progressive", è vero che ha scritto un libro importante per le imprese (le opportunità da cogliere) e per tutti noi (le avventure digitali che ci attendono), ma è anche vero che ha l'umiltà di ricordare le cose che la tecnologia non può sostituire. Un giornalista dell'*Independent*, ci ricorda l'autore, verso la fine del 2007 «pubblicò un articolo in cui raccontava i suoi sette giorni senza gadget, come pc, cellulare, radio (digitale), tv (digitale), navigatore satellitare, iPod ecc. Ne risultò una fantastica esperienza che aiutava a comprendere quante cose importanti rischiamo di trascurare a causa della passione per certi oggetti tecnologici...». Un punto, questo, che già Antoine de Saint-Exupéry aveva sottolineato nel suo *Piccolo Principe*: questi incontra un mercante che vende pillole contro la sete; basta prenderne una la settimana e non si prova più il bisogno di bere. «È una grossa economia di tempo – dice il mercante – gli esperti hanno fatto i calcoli. Si risparmiano cinquantatré minuti alla settimana». «Io – dice il Piccolo Principe – se avessi da spendere cinquantatré minuti alla settimana camminerei piano piano verso una fontana...».

Fabrizio Galimberti
fabrizio@bigpond.net.au

A mio nonno Renato

Introduzione

La rivoluzione che ormai da alcuni anni ha profondamente cambiato internet affonda le sue origini in una serie di innovazioni tecnologiche e nuovi approcci culturali che stanno progressivamente modificando il modo di comunicare e relazionarsi. La crescente popolarità di servizi orientati al coinvolgimento degli utenti si è concretizzata nel fenomeno Web 2.0, ovvero un imprecisato stadio evolutivo della Rete abilitato da strumenti quali blog, wiki, social network, condivisione di contenuti e messaggistica istantanea.

Il fenomeno Web 2.0, protagonista indiscusso dei cambiamenti in atto, e i paradigmi culturali e sociali che ne scaturiscono si configurano come l'ennesima trasformazione delle modalità comunicative tra individuo e individuo e tra azienda e cliente. Applicare modelli e tecnologie Web 2.0 introduce nelle aziende, o nei confronti degli attori esterni, nuove forme di relazione e collaborazione. Le tradizionali piattaforme di knowledge management si aprono all'integrazione di contributi spontanei e alla condivisione di conoscenza non strutturata; le community dedicate al brand o ai prodotti, con la volontà di dare voce ai clienti, generano "conversazioni" sempre più interattive e veloci.

In uno scenario dove il cliente diventa utente, dove il singolo è capace di generare esperienze partecipative in grado di decidere le sorti di un prodotto o addirittura di contribuire alla creazione dello stesso, le aziende devono rivedere il proprio processo di marketing. L'occasione è importante: innovare degli stili relazionali da troppo tempo confinati all'interno di modelli passivi che risultano pressoché obsoleti e poco efficaci. In quest'ottica l'azienda deve porre al centro dell'attenzione le persone: l'ascolto e la soddisfazione dei desideri da un lato, la partecipazione e la creazione di bisogni indotti dall'altro, costituiscono i pilastri di una dicotomia che ha la sua massima espressione nella conversazione.

Non esistono più la distribuzione, il prezzo, il prodotto e la promozione per come essi sono stati concepiti e tradizionalmente intesi dal marketing tradizionale. Il nuovo web, sociale e partecipativo, dinamico e in presa diretta, ne ha profondamente modificato il valore semantico generando nuove leve di marketing.

- È sempre più necessario costruire una propria identità digitale dinamica in Rete, sia essa un blog, un social network o più in generale una Community. Le community sono e saranno sempre di più la piazza virtuale dove si consumerà l'esperienza d'acquisto: per questo è importante che l'azienda crei una propria identità digitale in grado di legittimare gli interventi sugli altri ambienti sociali.
- L'utente ha acquisito il Controllo sulla reputazione e sulla percezione che i clienti hanno dell'azienda e dei suoi prodotti: è infatti capace di trovare ciò che lo interessa, comprenderne il reale valore ed eventualmente collaborare alla sua nascita e crescita. Nascono nuovi modelli che tentano di gestire l'estinguersi della tradizionale asimmetria informativa tra cliente e azienda, influendo in maniera importante sui processi di business.
- Nei nuovi mercati ad alta competitività, continuamente esposti al giudizio della Rete, il processo di sviluppo del prodotto deve essere contraddistinto da un elevato livello di Creatività. È l'intera organizzazione, e non solo il marketing, a gestire i molteplici punti di contatto tra persone interne ed esterne e a definire il livello di permeabilità della membrana, sempre più sottile, che circoscrive i confini aziendali.
- I mercati sono Conversazioni, e come tali rappresentano un flusso dinamico e sempre più real-time delle opinioni, commenti, critiche, impressioni e discussioni generate dagli utenti. Per costruire la propria reputazione, rendendo l'identità digitale affermata e credibile, risulta fondamentale partecipare, intervenire e confrontarsi, concependo ogni conversazione con gli utenti non come un motivo di preoccupazione, ma come spunto di riflessione e arricchimento.

Il salto concettuale, intimamente legato a quello generazionale, è sfidante. È in grado di mettere in crisi abitudini consolidate e modalità di comunicazione ormai radicate. Questo cambiamento passa infatti per l'adozione di un nuovo modo di concepire l'azienda, il mercato e l'intrinseco rapporto che li contraddistingue e che li relaziona tramite le quattro leve sopra descritte; un nuovo approccio di marketing, insomma, che però va provato, testato sul campo ed esteso all'intera organizzazione senza particolari esitazioni o ponderazioni. Se da un lato è necessario evangelizzare i nuovi approcci e allineare il *mindset* dell'azienda costruendo una strategia pertinente, dall'altro un'estrema preoccupazione dei risultati e dell'apparenza rischierebbe di provocare effetti contrari. L'imperativo è dunque delineare una nuova strategia di marketing ma, contemporaneamente, iniziare da subito a dialogare con i clienti e investire il proprio tempo nella costruzione di relazioni ad alto valore aggiunto con i *prospect*.

In tal senso gli strumenti nati con i social media e, ancor di più, le nuove realtà del Real-Time Web, come Facebook, FriendFeed e Twitter, delineeranno i nuovi paradigmi del marketing conversazionale e le nuove leve del marketing mix.

Questo libro ha lo scopo di far conoscere al lettore le dinamiche sociali che, nate nei mondi paralleli della Rete, stanno sempre più influenzando i mercati tradizionali; di accompagnarlo passo per passo in un nuovo scenario dove i trend emergenti sono affascinanti quanto destabilizzanti; di coinvolgerlo, interpretando questi nuovi fenomeni attraverso la rivisitazione di teorie organizzative classiche derivanti dalla gestione aziendale; di spiegargli l'evoluzione di internet tramite la descrizione dei suoi strumenti e di alcuni casi concreti, il racconto di esperimenti realizzati in prima persona dall'autore e le interviste ai dirigenti di quattro importanti realtà italiane che hanno investito nel Web 2.0 e nel Real-Time Web. Il libro si rivolge sia alle piccole e medie imprese sia a coloro che in ambito *enterprise* sentono l'esigenza di:

- introdurre in modo semplice una forte innovazione tecnologica e culturale, riducendo i tempi di reazione dell'organizzazione e incrementando la condivisione di conoscenza tipicamente tacita (top management);

- migliorare la reputazione sul web dell'azienda o di uno specifico prodotto/servizio, coinvolgendo clienti e *prospect* (marketing);
- creare nuovi canali di collaborazione per connettere le persone che lavorano quotidianamente a stretto contatto con il cliente (vendite);
- rafforzare i rapporti con partner e fornitori, identificando i migliori attori con cui fare business con un approccio *win-win* (*purchasing*);
- abilitare innovativi strumenti di *brainstorming* in grado di favorire il processo di generazione di nuovi *concept* (R&S);
- valorizzare il capitale umano e il concetto di relazione all'interno dell'azienda, sfruttando le potenzialità offerte dal social networking (risorse umane);
- facilitare la crescita spontanea di "famiglie professionali" basate su competenze e interessi comuni e supportare team di lavoro o gruppi di progetto (*line of business*);
- stabilire nuovi canali di comunicazione, biunivoci e paritetici (comunicazione interna);
- integrare i tradizionali sistemi aziendali con i nuovi paradigmi dell'Enterprise 2.0 (sistemi informativi).

Inoltre, il libro si propone a studiosi, professionisti e studenti come facilitatore nella comprensione dei mutamenti nel rapporto tra web e marketing e, più in generale, tra stakeholder e impresa.

PERMETTE
OLTRE PROPRI PUNTO
INOLTRE MICROBLOGGING
CRESCITA FENOMENO PROPRIO PROPRIA SOLO SPESSO
CREAZIONE GENERAZIONE NUOVE
DATI CONTENUTI DUE MERCATO POSSONO QUINDI SOCIALMEDIA VIENE
BRAND PRODOTTI SERVIZI TEMPO
CONDIVISIONE ESEMPIO NETWORK
AZIENDA AZIENDALE TWITTER WEB
ATTRAVERSO CONVERSAZIONI GIÀ ONLINE RETE
UTENTI
ALCUNE ANNI BLOG ESSERE LIBRO PERSONE
ATTIVITÀ QUALI STRUMENTI
MARKETING
ALL'INTERNO COMMUNITY PRIMA
ALCUNI AZIENDE COMUNICAZIONE NUOVI SEMPRE TRAMITE
ALTRI CLIENTE FRIENDFEED INFORMAZIONI RICERCA SOCIAL WEB2.0
BASE BISOGNI BUSINESS FACEBOOK OGNI PRODOTTO
AZIENDALI CLIENTI MOLTO INTERNET PARTE PUÒ SERVIZIO VALORE
CASO CREARE L'AZIENDA MODO REAL-TIMEWEB STATO
DIVERSI FIGURA GOOGLE POSSIBILITÀ RISPETTO TREND
NUOVA NUOVO PIATTAFORMA SERIE
Conversazionale MANIERA NECESSARIO
Marketing
lucadefelice

1. La piramide COSMA

Tra il 1943 e il 1954 lo psicologo statunitense Abraham Maslow definì la gerarchia dei bisogni e la divulgò nel libro *Motivation and Personality* (1954). La scala dei bisogni è composta da 5 differenti livelli, dai più elementari, fondamentali per la sopravvivenza dell'individuo, fino a quelli più evoluti, legati a dinamiche sociali: la realizzazione dell'individuo la si ha passando per i vari stadi che, se non soddisfatti, non consentono progressione. Questa scala è internazionalmente conosciuta come la "Piramide di Maslow".

- *Bisogni fisiologici*: soddisfare fame, sete, sonno, coprirsi e ripararsi dal freddo sono i bisogni fondamentali, strettamente connessi con la sopravvivenza dell'individuo.
- *Bisogni di sicurezza*: sono quelli capaci di garantire protezione e tranquillità alla persona.
- *Bisogno di appartenenza*: consiste nella necessità di sentirsi parte di un gruppo, cooperare con gli altri e amarsi reciprocamente.
- *Bisogno di stima*: riguarda il bisogno di essere rispettato e apprezzato, sentendosi competente e produttivo.
- *Bisogno di autorealizzazione*: esprime l'esigenza di realizzare la propria identità e di portare a compimento le proprie aspettative, nonché di occupare una posizione soddisfacente nel gruppo di riferimento.

Alcuni studiosi hanno teorizzato diverse possibili evoluzioni della Piramide di Maslow: il benessere che ha contraddistinto l'ultimo periodo del XX secolo ha favorito la capacità nell'uomo di raggiun-

Figura 1.1 **Piramide di Maslow**

gere facilmente gli ultimi gradini e iniziare a scalare nuove piramidi con una crescita progressiva similare, ma con obiettivi sempre più sfidanti e inerenti alla nuova realtà circostante.

Nell'ultimo ventennio la tecnologia è entrata nella vita quotidiana così profondamente che è difficile pensare a come facessero le generazioni precedenti a tenersi in contatto, aggiornarsi e lavorare senza strumenti che oggi consideriamo del tutto scontati. Il contesto tecnologico e, quindi, sociale ed economico di questi anni è in profondo mutamento e alcuni strumenti sono entrati nelle nostre abitudini tanto da poter essere considerati dei veri e propri bisogni.

Sulla base delle mie personali esperienze, nel 2007 ho teorizzato, grazie anche ai contributi provenienti dalla Rete,[1] una nuova piramide dei bisogni che avesse come fulcro d'indagine la vita digita-

[1] La piramide COSMA è stata citata da un articolo di Giovanni De Vidi pubblicato su www.pmi.it (http://tinyurl.com/ykg5cso).

Figura 1.2 **La piramide COSMA**

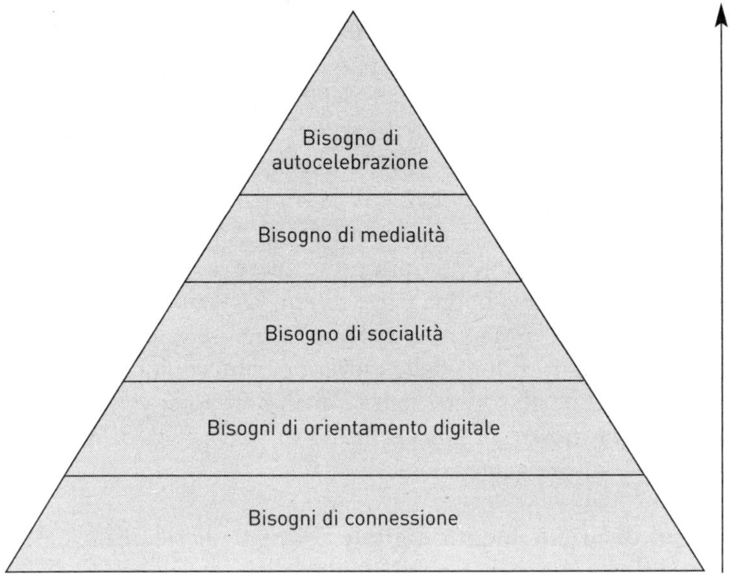

le, cioè quell'insieme di abitudini nate e sviluppatesi con l'utilizzo di nuove tecnologie. La mia intenzione era principalmente quella di creare una nuova piramide che potesse essere attuale non solo per gli innovatori e gli *early adopter* del modello del "ciclo di vita dell'adozione tecnologica" di Geoffrey Moore,[2] ma anche per coloro che apprezzano le tecnologie semplicemente come oggetti capaci di migliorare la vita di tutti i giorni (interpretabili come *commodity*). Ecco in che cosa consiste la piramide COSMA, dalle iniziali dei cinque scalini che la compongono: connessione, orientamento digitale, socialità, medialità, autocelebrazione.

Bisogni di connessione (bisogni fisiologici). Oggi non esiste attività sociale o lavorativa che non sia influenzata dalle connessioni tra-

[2] Tale modello teorizza il fatto che esistano alcune persone (gli *early adopter*) più aperte all'innovazione rispetto ad altre, con una conseguente ripercussione sul successo o insuccesso del lancio commerciale di un determinato prodotto (Moore, 1991).

mite terminali fissi e mobili, siano esse di breve o lungo raggio. Le persone sentono l'esigenza di essere reperibili e costantemente connesse con il mondo circostante. Senza cellulare non si esce di casa; senza personal computer non si può lavorare e a quanto pare, vista la diffusione dei netbook nell'estate del 2009 (il segmento ha registrato un'impressionante crescita del 40%)[3] e delle relative offerte dati, la connessione in mobilità diventa un'esigenza anche durante le vacanze. In tal senso il cellulare e il pc (in particolare nel settore terziario) non possono essere più considerati benefit aziendali, poiché dai suddetti *device* non può più prescindere la vita lavorativa, oltre che personale, di una buona parte di noi. Ovviamente il primo gradino della scala COSMA può avere una maggiore valenza se proiettato nell'immediato futuro delle giovani generazioni, che vedono nel cellulare e nel pc gli oggetti senza i quali non poter vivere. Il grafico in *figura 1.3* mostra proprio il livello di pervasività di questi strumenti nelle nuove generazioni.

Bisogni di orientamento digitale (bisogni di sicurezza). Ancora poco diffuso, ma con grandi potenzialità, il Global Positioning System, o GPS, potrebbe rappresentare il terzo più grande progresso tecnologico dopo pc e cellulari. Tecnologia ancora sottovalutata e non conosciuta dai più, il sistema GPS è in grado di rivoluzionare il nostro stile di vita, tanto che per alcuni – come il sottoscritto – il navigatore satellitare rappresenta un oggetto necessario, capace di orientarci nel mondo circostante, dandoci sicurezza.

Quando ci si abitua a utilizzare qualcosa di veramente utile, è difficile abbandonarlo. Me ne accorsi in maniera particolare quando nella primavera del 2008, tornando a Milano da Roma in auto, l'applicazione di navigazione installata sul mio cellulare smise improvvisamente di funzionare per un problema software. Anche se avevo già lasciato Roma ed ero sulla via di casa, a me abbastanza nota, mi resi conto di una serie di vantaggi che mi avrebbe comunque garantito il mio navigatore:

---

[3] Fonte: "Quarterly Notebook PC Shipment and Forecast Report", *DisplaySearch*, Q3 2009.

Figura 1.3 **Utilizzo di pc, cellulari e televisione**

Non si può vivere senza

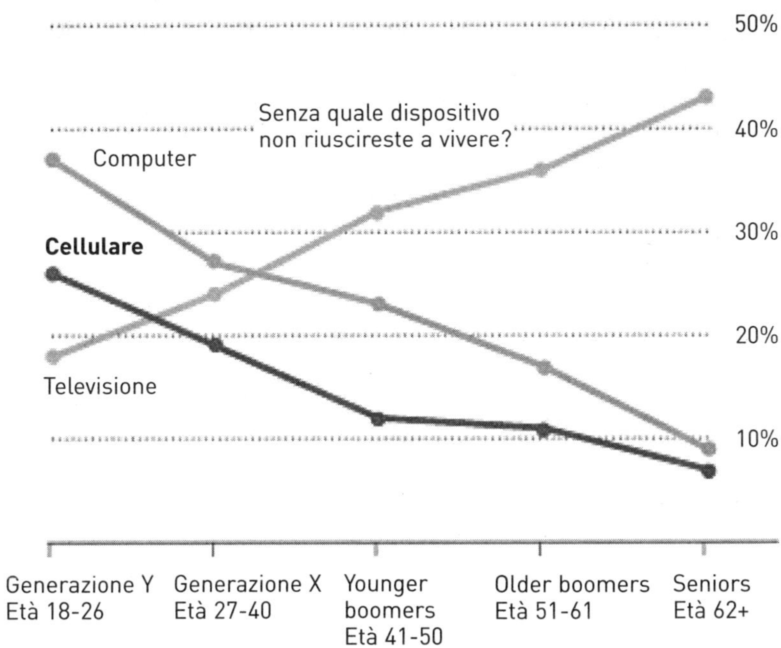

Fonte: Forrester Research (da un articolo del *New York Times* del 2007)

- avviso in prossimità delle uscite autostradali e degli svincoli;
- chilometri e tempo mancante all'arrivo;
- indicazione degli autovelox;
- indicazione del distributore di benzina della marca desiderata più vicino.

Sembra poco, ma non lo è. La mancanza dell'oggetto tecnologico aveva generato in me un senso di profondo smarrimento.

Ma il GPS non è l'unico prodotto che sta trasformando il nostro modo di orientarci e in futuro di rapportarci. Esistono tutta una serie di entità digitali, che vanno dalla e-mail alle memorie USB, che rientrano nei bisogni di orientamento digitale e che ormai in molti diamo per scontati. Verso la fine del 2007 un giornalista dell'*Independent* pubblicò un articolo[4] in cui raccontava i suoi sette giorni senza gadget digitali, come pc, cellulare, radio (digitale), tv (digitale), navigatore satellitare, iPod ecc. Ne risultò una fantastica esperienza che aiutava a comprendere quante cose importanti rischiamo di trascurare a causa della passione per certi oggetti tecnologici, ma anche di come ormai non possiamo farne a meno. Ovviamente le novità tecnologiche, oltre ad avere risvolti sociali, hanno un impatto economico: la società considera i gadget che il giornalista citava nel suo articolo come delle vere e proprie *commodity*, tanto che negli ultimi anni, a grande richiesta, si tengono sul territorio nazionale una serie di manifestazioni fieristiche dove è possibile acquistare prodotti hardware/software del settore elettronico, informatico, elettrico e delle telecomunicazioni a prezzi veramente ridotti (es. Radiant and Silicon; Computerfest & Radioamatore).

Bisogno di socialità (bisogno di appartenenza). I cambiamenti avvenuti in Rete negli ultimi dieci anni e che nel 2004 hanno preso il nome di Web 2.0 sono la più chiara rappresentazione del bisogno di socialità digitale delle persone. I nuovi strumenti d'interazione (che verranno descritti ampiamente nei prossimi capitoli), come il social networking (es. Facebook, LinkedIn), il microblogging (es. Twitter) e le game console di nuova generazione (es. Microsoft Xbox360), riproducono piazze virtuali (o reali, come nel caso della Nintendo Wii) capaci di creare community, rendere parte di un gruppo e interagire con altre persone. Il Web 2.0 è una nuova visione di internet che influenza quotidianamente le nostre abitudini e le modalità con cui preleviamo o scambiamo informazioni in Rete. Questo nuovo fenomeno rappresenta un insieme di approcci culturali e tecnologici in cui internet diventa un nuovo media controllato e gestito dagli utenti.

---

[4] http://tinyurl.com/yehfyfb

Nel settembre 2008 il bisogno di socialità è emerso prepotentemente in Italia grazie al fenomeno Facebook. Quanto è successo in termini di adesione a questo nuovo servizio mostra come la piattaforma di social networking sia riuscita a scatenare una nuova esigenza. Tale consenso è stato poi confermato dal livello di utilizzo che nel dicembre 2009 ha raggiunto in media le 6 ore e 34 minuti per persona al mese.[5] La proliferazione dei social network è evidente se si fa caso ad alcuni fatti forse poco palesi: se negli Stati Uniti le *business card* riportano anche lo username di Twitter, in Italia e in altri paesi europei i biglietti da visita iniziano a diventare veri e propri oggetti hardware (es. Poken)[6] che permettono di scambiarsi velocemente tutti i contatti sociali in maniera digitale.

Bisogno di medialità (bisogno di stima). I cosiddetti DIY Media (Do It Yourself Media)[7] e *user generated content*, nati con il paradigma Web 2.0, negli ultimi anni incarnano la necessità edonistica di essere visibili e di esprimere le proprie competenze ma, al contempo, di ricevere un commento, una risposta, un giudizio. Il blog è la massima rappresentazione di questo bisogno. Il blog, termine derivante da *web log* (registro su web, o diario personale online), si è diffuso molto velocemente, soprattutto tra le nuove generazioni. Gli autori di circa la metà dei blog presenti in Rete sono adolescenti.[8]

Bisogno di autocelebrazione (bisogno di autorealizzazione). Spesso i prodotti tecnologici che escono sul mercato, o perlomeno alcune delle loro funzionalità, non sono strettamente utili. Basti pensare all'home theater, ai televisori di nuova generazione LCD e plasma Full HD, al vivavoce bluetooth integrato nell'auto, o alla *mobile* tv: sono

---

[5] Fonte: Audiweb powered by Nielsen, accessi da casa e ufficio, dicembre 2009.
[6] I Poken (http://tinyurl.com/y9mubds) sono piccoli portachiavi che contengono i propri riferimenti (cellulare, e-mail, blog, profili dei social network ecc.) e permettono di condividerli semplicemente al contatto con altri Poken tramite tecnologia RFID.
[7] I DIY Media sono quei canali di comunicazione, come YouTube e Livestream, realizzabili da utenti semplici.
[8] Fonte: Microsoft Italia (http://tinyurl.com/y9s2g5d).

tutti strumenti con caratteristiche accessorie non strettamente necessarie e funzionali al loro utilizzo primario, tuttavia garantiscono alla persona, oltre che piacevolezza nel loro utilizzo, un senso di appagamento e di realizzazione.

In Rete il processo di autorealizzazione è un po' più complesso: gli strumenti per soddisfare i propri bisogni di socialità e medialità portano alla proliferazione di account e profili personali. Oltre che da un punto di vista pratico (nascono meccanismi di aggregazione delle identità come OpenID), in molti cercano di raggruppare in unico flusso i propri "tasselli digitali" sparsi per la Rete.

Si generano i *lifestream* (es. FriendFeed), aggregatori istantanei di status update e azioni provenienti dal proprio blog, dai diversi social network e dai siti di microblogging a cui si è iscritti. Parallelamente emerge un nuovo paradigma comunicativo, quello dello *human broadcaster* (si veda il capitolo 2), in cui il bisogno di autocelebrazione s'incarna negli status update dell'utente. Nasce così il Real-Time Web, il web degli aggiornamenti in tempo reale, una nuova fenomenologia della Rete di cui si sta iniziando adesso a prendere coscienza (si veda il capitolo 6).

Trade-off, innovazione e internet

Per trade-off s'intende comunemente una situazione in cui, rispetto a un dato obiettivo, il guadagno relativo a una variabile implica necessariamente una perdita riguardo a un'altra. L'equilibrio corretto tra questi due fattori è rappresentato proprio da uno dei punti di trade-off che compongono la curva nella *figura 1.4*; i punti sotto alla curva rappresentano quindi scelte non ottimali. Tale concetto viene comunque utilizzato in ambiti più complessi, come ad esempio quello economico, dove spesso le variabili fondamentali sono i costi, i tempi o la qualità.

In realtà il trade-off si esplica nella vita di tutti i giorni: nella maggior parte delle azioni che facciamo esiste un trade-off e siamo costantemente chiamati in causa per prendere una decisione in merito, cercando di individuare il punto ottimale (i componenti la curva, e non i sottostanti). Anche se le variabili in gioco sono molteplici e

Figura 1.4 **Trade-off**

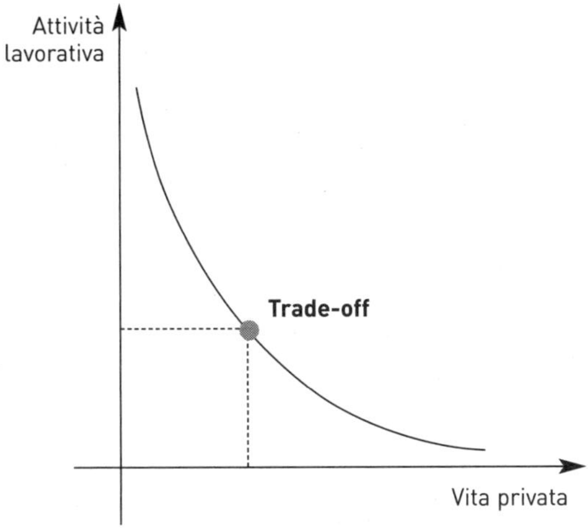

soggettive, un classico trade-off risiede banalmente nel bilanciamento tra vita privata e lavoro; estremizzando il concetto: più lavoro, più ottengo risultati e più incremento il mio stipendio, ma, dall'altro lato, mi diverto meno e magari vado a ledere i rapporti familiari e di amicizia.

Per rimanere sempre a livello sistemico, l'unico modo per superare un trade-off è innovare. L'innovazione, infatti, permette di superare quella sorta di compromesso per cui a un eccesso di fattori positivi ne subentrano altri negativi.

Ritornando al semplice esempio precedente, innovare potrebbe significare cambiare occupazione, spostandosi su attività più gratificanti e più vicine alle aspirazioni personali o su attività che concedano orari più flessibili; in questo modo si ha un miglioramento del proprio status personale e professionale (spostando in alto la curva e quindi il trade-off, come mostra la *fig. 1.5*), aumentando gli aspetti positivi e contenendo quelli negativi.

Nella piramide COSMA raggiungere un nuovo gradino significa rinnovarsi, innovare e superare dei trade-off rispetto a vincoli contingenti. Il fenomeno Web 2.0, ad esempio, inteso sia come approc-

Figura 1.5 **Trade-off e innovazione**

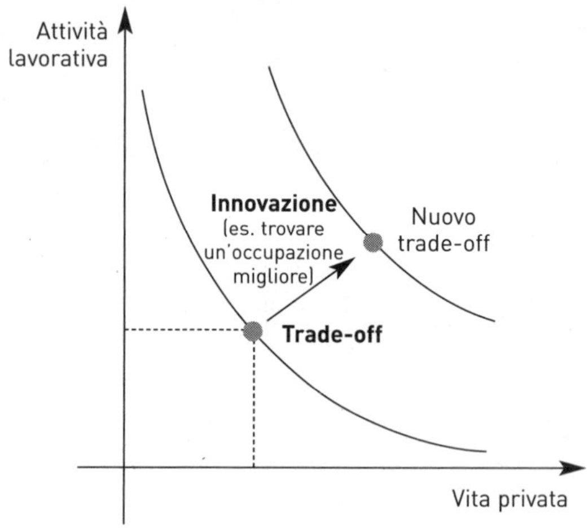

cio sociologico sia come tecnologie sottostanti, è un'opportunità da sfruttare in quanto consente di superare molti trade-off che vincolano quotidianamente le nostre azioni nella vita privata e in quella lavorativa. L'intenzione di cambiare occupazione è più semplice da realizzare se ci si affida correttamente ai nuovi strumenti e mezzi di comunicazione che la Rete mette a disposizione (es. LinkedIn, business social network in cui vengono pubblicate offerte di lavoro).

Definire i bisogni odierni attorno a un nuovo scenario di riferimento in cui non valgono più i vecchi trade-off è essenziale per gli studiosi e i sociologi, così come per quegli imprenditori che cercano di cogliere nuove opportunità di business dalle evoluzioni tecnologiche. In tutti i settori, per fare innovazione è necessario saper ideare e realizzare scenari differenti da quelli proposti dalla realtà presente; come diceva Albert Einstein: «Non si può risolvere un problema con lo stesso modo di pensare che ha creato il problema».

Internet offre oggi una serie di nuove opportunità da cogliere per superare i tradizionali trade-off. Secondo la legge di Moore, il prezzo dei processori si dimezza all'incirca ogni due anni; il prezzo della banda di trasmissione e di archiviazione dei dati cala in maniera ancora più drastica. La Rete combina questi tre fattori deflazionistici offrendoci condizioni sempre più vantaggiose in una realtà dove tendenzialmente tutto è inflazionistico. Orientare molte delle nostre scelte verso il mondo digitale può spostare sensibilmente verso l'alto la curva rappresentata sopra.

Ridisegnare alcuni processi d'impresa e i tradizionali strumenti di marketing per cogliere i bisogni di socialità, medialità e autocelebrazione è un'opportunità per le aziende. In tal senso risulta necessario apprendere e conoscere le leve del marketing conversazionale prima che le conversazioni inizino a influenzare sensibilmente le abitudini di acquisto e le strategie competitive; le opportunità non colte, infatti, potrebbero trasformarsi in rischi.

Il marketing conversazionale è simile all'amicizia: richiede tempo e dedizione, gli investimenti economici non bastano.[9]

---

[9] Rielaborazione di una citazione tratta dal report "Global Faces and Networked Places", Nielsen, marzo 2009.

2. La Generazione C

Nel mondo dei servizi internet accade spesso che la ricerca di definizioni semplici e comprensibili per nuove funzionalità che il web propone risulta essere un proposito abbastanza difficile. A causa delle sue caratteristiche, la Rete evolve quotidianamente in uno *stream* continuo di servizi che a piccoli miglioramenti funzionali affiancano alcune importanti rivoluzioni tecnologiche e culturali in grado di segnare nuove "epoche" della storia del web. Questa doverosa premessa diventa ancora più veritiera quando si vuole descrivere un concetto come quello rappresentato dal fenomeno Web 2.0.

Web 2.0 è un termine usato per indicare un imprecisato stadio evolutivo di internet attraverso il quale una serie di tecnologie abilitano la nascita di innovative modalità di comunicazione e interazione, segni evidenti dell'inevitabile affermazione di nuove dinamiche culturali.

La semplice idea di collegare una molteplicità di persone tramite piattaforme aperte e liberamente modificabili sta sensibilmente destabilizzando la comune percezione di concetti quali l'identità, la conoscenza e la ricerca di informazioni. È quindi ovvio rilevare come questi mutamenti abbiano ripercussioni anche al di fuori della Rete, nel mondo reale. Tali dinamiche, infatti, oltre agli inevitabili effetti sulla società, stanno profondamente cambiando le modalità d'interazione delle aziende, sia all'interno sia all'esterno delle stesse. L'innovazione culturale e di mercato interpretata dai social media è proiettata verso la riscoperta della centralità e dell'importanza della persona in tutti i suoi processi di creazione, fruizione e interazione, in ambito personale e in ambito lavorativo.

La consumerizzazione: una rivoluzione che parte dal basso

> Il fenomeno in crescita che riguarda l'introduzione delle nuove tecnologie nel mercato di massa prima che in quello industriale e aziendale sarà il trend più significativo che interesserà l'information technology durante i prossimi dieci anni. Come risultato, la maggior parte delle nuove tecnologie adottate dalle imprese tra il 2007 e il 2012 avranno le loro radici in applicazioni per il mercato di massa.[1]

Con queste parole Gartner, uno dei più grandi e autorevoli gruppi di analisti, annuncia la rivoluzione che va sotto il nome di "consumerizzazione": l'innovazione tecnologica (una delle variabili che permette di superare i trade-off), anziché interessare prima le aziende e poi il mercato, arriverà quasi sempre inizialmente tra i consumatori.

La consumerizzazione delle tecnologie rappresenta il quarto fenomeno *disruptive* dopo quello del personal computer (1984), di internet (1994) e del cellulare (1990), tecnologie che si sono stabilizzate e affermate come bisogni di connessione in maniera definitiva. Ma è il Web 2.0 il paradigma cui fa riferimento Gartner. In pratica, il mercato di massa guiderà l'industria che è alla base dell'attività di ricerca e sviluppo, diminuendo sensibilmente anche il ciclo di vita tecnologico.

Quello della consumerizzazione è un fenomeno inevitabile e già evidente. La trasformazione dell'architettura d'impresa e la sua apertura al fenomeno Web 2.0 s'inquadra in un processo appena avviato ma pressoché inarrestabile. Non sono le aziende a decidere spontaneamente come implementare la loro struttura informativa con nuove tecnologie e linguaggi, ma sono appunto le singole persone e il ricambio generazionale a imporlo inesorabilmente: la consumerizzazione delle imprese in ambito IT consiste nell'introduzione delle tecnologie utilizzate da un'utenza *consumer* all'interno delle aziende. Si pensi al servizio di Google per il mailing, Gmail: diffuso all'inizio in versione *beta* come strumento per utenza consumer, dopo aver raggiunto un successo straordinario e un livello di penetrazione inatte-

---

[1] Fonte: Gartner (http://tinyurl.com/yabmtv2).

so, lo stesso prodotto è stato inglobato nel pacchetto di servizi per aziende Google Apps.

Se da un lato questo nuovo trend genererà innovazione più velocemente e a più basso costo, ridisegnando nel frattempo la comunicazione e i metodi lavorativi, dall'altro potrebbe rappresentare un problema per la sicurezza dei dati aziendali.

> Sebbene le tecnologie consumer creino nuovi rischi per l'impresa, impedirne l'uso diventa sempre più difficile e impraticabile. Le imprese si possono preparare da ora, prendendo precauzioni e investendo in tecnologie di base per la sicurezza, all'uso crescente di dispositivi, servizi e reti consumer all'interno dell'impresa per gestirne i rischi.[2]

Il concetto di human broadcaster

I classici strumenti d'interazione web solitamente ci mettono poco a entrare nelle abitudini delle persone e in certi casi a creare addirittura dipendenza. Ognuno di essi ha acquisito una posizione stabile e riconosciuta non appena si è capito che avrebbe svolto un ruolo abilitante e aperto una via comunicativa fino a quel momento inesistente. Tali strumenti possono essere classificati in base a due assi: il livello di interattività nell'utilizzo (s'intenda sincronia/asincronia) e il livello di esposizione del contenuto ad altri utenti (one-to-one/one-to-many). I più consolidati fanno parte dell'area di comunicazione one-to-one: l'e-mail permette comunicazioni con bassa frequenza di interazione (alto livello di asincronia); l'SMS è leggermente più veloce nell'utilizzo in quanto il messaggio è limitato a 160 caratteri e prescinde da allegati o contenuti multimediali. L'immediatezza totale la si raggiunge con l'instant messaging: la chat è una sorta di chiamata telefonica scritta e non vocale.

Il Web 2.0, oltre a consolidare e ad arricchire questi strumenti (si vedano le molteplici funzionalità dell'instant messaging o l'update di un microblog tramite e-mail, come avviene con il servizio Posterous), data la sua natura, ne ha creati altri, capaci di sviluppare un approc-

---

[2] Affermazione di Rich Mogull, Research Vice President di Gartner.

Figura 2.1 **Matrice interattività/esposizione**

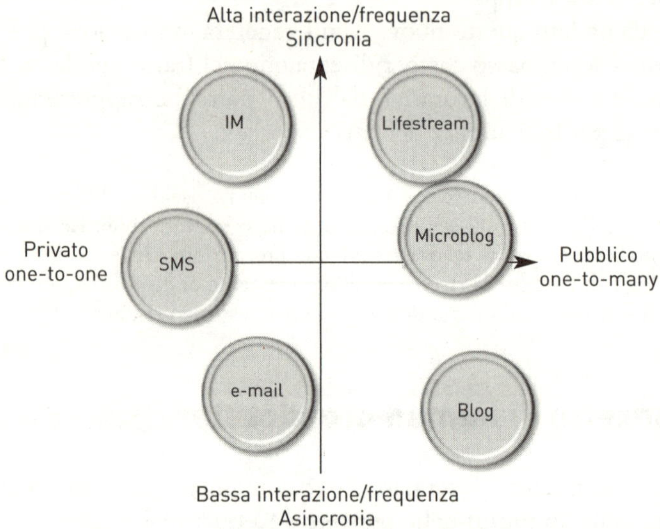

cio di tipo one-to-many: i blog sono in continua crescita e probabilmente nel corso degli anni diventeranno un mezzo d'identità sociale. Ma c'è di più: parallelamente al rapporto e-mail/SMS stanno nascendo sul web nuove forme d'interazione più immediate rispetto a quelle tipiche di un blog: gli strumenti di microblogging.

Si parte da Tumblr e Posterous, piattaforme poco note ma molto utilizzate che permettono di aprire blog semplici e immediati, ridotti alla funzionalità essenziale dei post e dei commenti, fino ad arrivare a forme interattive che si affacciano in maniera naturale al mondo dei terminali mobili, come Twitter.

Twitter è in questo momento l'applicazione di microblogging più utilizzata dalla Rete, molto diffusa negli Stati Uniti. Semplici blogger, blogstar, politici, insegnanti, sociologi, massmediologi sono alcune delle figure professionali che utilizzano questo strumento di comunicazione. Twitter è un servizio che consente di lasciare un messaggio sul web in tempo reale non più lungo di 140 caratteri, condiviso e letto da una community. L'aggiornamento può essere ef-

Figura 2.2 **Lifestream**

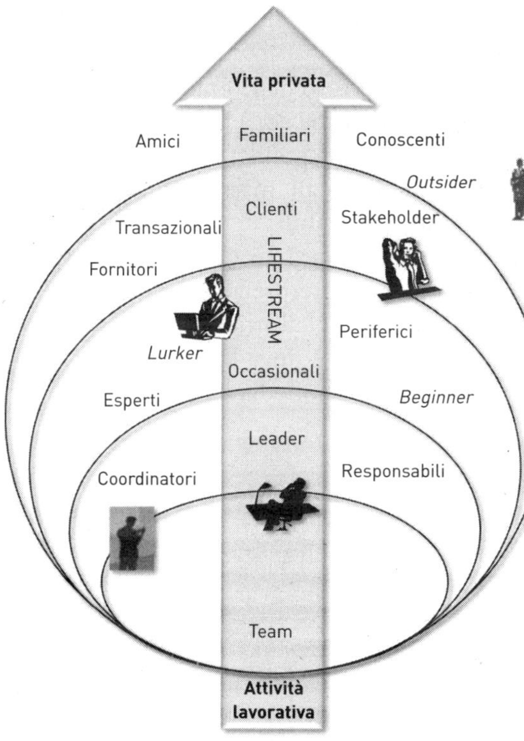

fettuato anche tramite SMS (per una più ampia descrizione si rimanda al capitolo 6). L'innovazione che introduce Twitter sembra banale ma non lo è: la comunicazione passa da *push* (contatto una persona per avere un'informazione) a *pull* (verifico il lifestream di una persona per avere un'informazione). In pratica, ogni utente diventa un broadcaster in grado di diffondere informazioni su di sé a intervalli regolari durante il giorno.

Ma si sta parlando di mondo consumer o di mondo business? L'e-mail, l'SMS, l'instant messaging, il blog e a breve anche il lifestreaming fanno ormai parte di entrambi. Nell'era odierna non esistono distinzioni in tal senso quando le tecnologie sono abilitanti;

sulla base di quanto descritto come fenomeno della consumerizzazione, il mondo consumer fa da tester e quello business ne studia i risultati, evitandone i rischi associati e introducendo in azienda i potenziali vantaggi.

Per comprendere il successo delle grandi realtà del Web 2.0 (come Facebook, Twitter, YouTube ecc.) bisogna iniziare a considerarle come nuovi canali media, antagonisti e, allo stesso tempo, complementari rispetto ai tradizionali mass media. Potenzialmente più coinvolgenti, meglio sfruttabili e più pervasivi. In tal senso l'affermazione di Andy Hayward (ex CEO di CBS News) «every company is a media company» interpreta la possibilità delle aziende di sfruttare questi nuovi canali. Nell'ottica di rivedere le proprie strategie comunicative in una realtà dove la Rete ha notevolmente cambiato le regole del mercato dei media è necessario quindi capire che:

- occorre valorizzare gli utenti e la loro voglia di comunicare in maniera nuova e completa;
- la cultura e l'uso tipico dei servizi stanno cambiando in relazione alle novità introdotte dal Web 2.0: mondo business e consumer dal punto di vista comunicativo hanno confini sempre meno marcati.

Enterprise 2.0: nuovi paradigmi aziendali

Il fenomeno della consumerizzazione sta già rivoluzionando i mercati, ma non si limita soltanto all'offerta; il cambiamento è più profondo e tocca da dentro le aziende. Le persone, infatti, esigono nuovi strumenti e nuovi approcci per comunicare anche in ambito lavorativo. L'azienda, per mantenere competitività in contesti sempre più complessi, non può far altro che adattarsi a questi cambiamenti, predisponendo le leve necessarie per soddisfare i nuovi bisogni emergenti. Ma il confronto con il mutamento in atto non può prescindere da una revisione profonda dei paradigmi aziendali.

Internamente, le risorse aziendali, consapevoli del moltiplicarsi dei canali d'interazione, percepiscono la praticità d'uso fornita dai nuovi strumenti a disposizione e iniziano a manifestare la necessità degli stessi anche in ambito aziendale. La disponibilità di strumenti per la comunicazione interpersonale e la ricerca di dati (come ad esempio l'instant messaging o i motori di ricerca quali Google) non potranno essere ostacolati, pena una minor efficienza nel lavoro e nella comunicazione quotidiana (anche se essa comporterà il problema di una minore protezione dei dati riservati).

Una volta resa più agile e flessibile nel seguire i cambiamenti e gli orientamenti del mercato, l'impresa sarà più veloce nel rispondere alle esigenze che il mercato manifesterà. I clienti esprimono già il loro parere sull'azienda e sui suoi prodotti/servizi. Casi eccellenti dimostrano come sia pericoloso trascurare le conversazioni che nascono nella Rete: nella prima metà del 2008, un cliente di una grande azienda nel settore dell'arredamento,[3] dopo aver comprato dei mobili, non essendo soddisfatto del servizio, si lamenta attraverso il suo blog personale. Il mobilificio, accortosi del post negativo e ritenendosi ingiustamente screditato, denuncia il blogger per danni per un totale di 400.000 euro. La stupefacente notizia si diffonde inesorabilmente nella blogosfera: i molti che decidono di scrivere la propria opinione non sono d'accordo che l'azienda si sia rivolta alla giustizia piuttosto che provare a instaurare un dialogo con il cliente insoddisfatto. La vicenda si chiude positivamente per il blogger perché l'azienda non ha dato seguito alla querela, ma negativamente per la stessa società che vede comparire il suo nome nei risultati di Google più per quello che è accaduto che per i prodotti che realizza.

Risulta quindi fondamentale creare un ambiente per interagire con i propri clienti, costruendo un'analisi critica relativa ai propri prodotti/servizi o permettendo una personalizzazione spinta degli stessi. Tutto ciò significa dare potere al cliente, ma indirettamente vuol dire rendere virtuosa l'azienda agli occhi della Rete.

Infine, le società non devono dimenticare partner e fornitori. La costruzione di relazioni più forti è un vantaggio competitivo fondamentale nell'era globale e i nuovi strumenti del Web 2.0 permetto-

[3] Pur essendo un caso reale, si è deciso di mantenere anonima l'azienda per non aggravarne ulteriormente la reputazione online.

no un loro corretto supporto. In quest'ottica il paradigma Enterprise 2.0, che nasce e prende spunto dal fenomeno Web 2.0, descrive un insieme di approcci innovativi orientati all'abilitazione di nuovi «modelli organizzativi e stili di gestione fondati sul coinvolgimento diffuso, la collaborazione emergente, la condivisione della conoscenza e lo sviluppo e valorizzazione di community e reti sociali interne ed esterne all'organizzazione».[4]

L'adattamento a tali approcci sarà sempre più necessario ma al contempo naturale. Si apre così definitivamente il cammino verso la prima vera generazione digitale, quella che nel prossimo decennio entrerà nel mondo del lavoro. Se la Generazione Y è costituita dai *digital native*, ovvero coloro che sono nati con le tecnologie digitali, all'orizzonte si sta affacciando una nuova generazione, la "C", che è nata con il web e che diffonde Contenuti (da cui la lettera C)[5] tramite supporti multicanale, flessibili e convergenti. Una generazione che avrà del tutto fatto proprio il rapporto con le tecnologie digitali, e che disporrà di mezzi e contenuti in grado di soddisfare qualsiasi esigenza. I suoi principi saranno il valore della Community, la necessità di Controllo, il potenziale della Creatività e l'importanza delle Conversazioni. Interpretarne correttamente i bisogni vuol dire allinearsi ai suoi principi.

Recentemente Forrester Research ha elaborato una ricerca in cui definisce i ruoli e le percentuali di partecipazione online negli Stati Uniti per i diversi segmenti di popolazione. Il ruolo di creatori di contenuti per la rete spetta: al 37% dei giovani tra i 18 e i 21 anni (quella che potrebbe essere già intesa come Generazione C); al 30% della Generazione Y, di età compresa tra i 22 e i 26 anni; al 19% della Generazione X (27-40 anni); al 19% delle persone tra i 41 e i 61 anni e al 5% delle persone sopra i 62 anni. Il ruolo di critici e commentatori su siti online spetta: al 37% della Generazione C, al 34%

---

[4] Fonte: "Enterprise 2.0: la rivoluzione che viene dal Web", Rapporto 2008, Osservatorio Enterprise 2.0, MIP Politecnico di Milano.

[5] La Generazione C è stata teorizzata dalla rivista online www.trendwatching.com. Corrisponde, in termini generali, a quella più comunemente conosciuta come Generazione Z.

Figura 2.3 **Generazione C**

Fonte: Idealog (May/June 2006, p. 36), illustrazione di Greg Hodgson, design di Michael Chalberg (www.saltdesign.co.nz)

della Y, al 25% della X, al 18% delle persone dai 41 ai 50 anni, al 15% di quelle dai 51 ai 60 anni e all'11% delle persone dai 60 anni in su. Il ruolo di spettatori e lettori di siti spetta: al 59% della Generazione C, al 54% della Y, al 41% della X, al 31% delle persone dai 41 ai 50 anni, al 26% di quelle dai 51 ai 61 anni e al 19% delle persone dai 62 anni in su. Infine, negli Stati Uniti sono inattive online il 42% delle persone dai 27 ai 40 anni, il 54% di quelle dai 41 ai 50 anni, il 61% di coloro che vanno dai 51 ai 61 anni e il 70% delle persone dai 62 anni in su.[6]

La ricerca evidenzia quindi l'importanza che ha la Generazione C nel rendere viva e dinamica la Rete e, considerando le percentuali di pubblico inattivo, conferma le sue esigenze di connessione e di espressione fin qui evidenziate.

[6] Fonte: *Master24-Marketing & Comunicazione*, n. 1, Il Sole 24 Ore, Milano, 2008, p. 84.

Le 4 Chance del marketing conversazionale

Negli ultimi decenni la maggior parte delle scelte e delle politiche aziendali sono relazionabili a strategie di marketing. In particolare, si definisce "marketing mix" l'insieme delle politiche praticate dall'azienda in merito alla realizzazione, commercializzazione e distribuzione del prodotto.

La declinazione dell'offerta aziendale attraverso il modello delle 4P,[7] proposta da Jerome McCarthy, si basa su:

- *Product*: il prodotto è il bene o servizio che si offre;
- *Price*: il prezzo è il corrispettivo in denaro che il consumatore è disposto a pagare per ottenere il prodotto;
- *Place*: la distribuzione comprende l'insieme delle attività necessarie a far giungere un determinato prodotto al consumatore;
- *Promotion*: la promozione, o comunicazione aziendale, è l'insieme delle attività volte a far conoscere un marchio o un prodotto al mercato.[8]

Spostando l'attenzione dalla prospettiva dell'impresa a quella del cliente, secondo Robert Lauterborn (1990) alle 4P si possono sostituire o affiancare 4C:

- *Customer Value* (Product): valore del prodotto riconosciuto dal consumatore;
- *Customer Cost* (Price): costi sostenuti dal consumatore per l'acquisto del prodotto;
- *Customer Convenience* (Place): comodità e facilità di acquisto del prodotto (es. accesso al punto vendita);
- *Customer Communication* (Promotion): comunicazione, più che promozione.

---

[7] Alle 4P di base alcuni studiosi, tra cui specialmente Philip Kotler, hanno affiancato altre leve. Ai fini della presente trattazione verrà però preso in considerazione solamente il marketing mix originale.

[8] Fonte: rielaborazione da un testo pubblicato su www.pmi.it.

Le 4C del marketing relazionale ricordano quindi che i clienti desiderano valore, costi bassi, convenienza elevata e comunicazione, non promozione.

Il progressivo adattamento al mercato e la conseguente rifocalizzazione da un approccio impositivo, incentrato sul prodotto, a uno adattivo, focalizzato sul cliente, non ha tenuto in considerazione l'inesorabile trasformazione del cliente in utente, che sarà sempre più rafforzata dalla Generazione C. Cosicché le nuove leve del marketing mix da considerare sono sempre C, rimangono 4, ma necessitano di una profonda rivisitazione concettuale e semantica che tenga conto degli effetti di internet, dei trend del Web 2.0 e del Real-Time Web e della relativa nascita di un insieme di nuovi approcci e principi che devono permeare l'intera azienda.

- La realizzazione del prodotto necessita di Creatività, ispirata da una nuova generazione di utenti che opera all'interno e all'esterno dell'azienda.
- Il prezzo del prodotto subisce il Controllo di un cliente che diventa utente. Quest'ultimo acquisisce potere nei confronti dell'azienda, avendo superato grazie alla Rete tradizionali trade-off in grado di generare asimmetria informativa fra le controparti.
- La Community è il nuovo *placement* di distribuzione dove nascono e si consumano i più importanti momenti della *user experience* dell'acquirente. In alcuni casi i digital store online, dove si acquista il prodotto/servizio, assumono sempre di più le caratteristiche tipiche delle community (es. possibilità di votare e commentare i singoli prodotti).
- La promozione passa attraverso le Conversazioni, che sono sempre più real-time. La classica comunicazione monodirezionale diventa dialogo e, in quanto tale, bidirezionale. I cardini di questa nuova visione sono la capacità di ascolto e di risposta; gli strumenti per abilitarla sono quelli messi a disposizione dal Real-Time Web.

Pur trovandosi in questo contesto, la maggior parte delle aziende continua ad affidarsi a strategie di approccio al cliente superate. In molti casi non si considerano gli effetti del social networking (Place), non si presta attenzione all'emergere di nuovi modelli di business come quello *freemium* (Price), non ci si rende conto della necessaria convergenza della gestione dell'innovazione all'interno della divisione marketing (Product), e si conosce a malapena il significato di viral & buzz marketing (Promotion).

Le nuove 4C del marketing conversazionale sono le *chance* a disposizione delle aziende per conquistare la Generazione C. I social media e il Real-Time Web sono le nuove realtà che hanno generato, stanno modificando e continueranno a plasmare tali leve.

3. Community, il nuovo marketplace

Le Community rappresenteranno per le aziende
la piazza virtuale dove si consumerà l'esperienza d'acquisto.

Valutare attentamente gli attuali e futuri bisogni della Generazione C vuol dire porsi quattro principali obiettivi:

- inserire nel miglior modo le generazioni più giovani in azienda;
- creare un "ponte" tra nuove e vecchie generazioni e tra diversi livelli gerarchici. Ad esempio, la multinazionale statunitense General Electric, operante nel campo della tecnologia e dei servizi, nel 2009 ha organizzato una squadra di giovani neoassunti, denominata "Tweet Squad", che potesse aiutare i dipendenti dalla Generazione X in su a utilizzare i social network;[1]
- fornire all'azienda un insieme di strumenti collaborativi semplici, efficienti, efficaci e facili da adottare;
- interagire con il mercato sulla base di una preparazione culturale e tecnologica comune, costruita tramite i precedenti step.

Per affrontare un mercato instabile, difficile da comprendere, il cambiamento deve essere prima di tutto interno: non soltanto i *marketer*, ma l'intera azienda deve essere orientata a comprendere e a riprodurre al suo interno determinate dinamiche sociali, come quelle introdotte dal Web 2.0. Interpretare correttamente tali dinamiche vuol dire rispondere alle evoluzioni del mercato stimolate da fattori esogeni, operando su leve endogene quali flessibilità e innovazione sia in chiave organizzativa sia tecnologica. Tale interpretazione consiste perlopiù nel raggiungere questi obiettivi tramite la soddisfazione incrementale

---

[1] Fonte: *BusinessWeek* (http://tinyurl.com/oar7d7).

Figura 3.1 **I 5 bisogni aziendali**

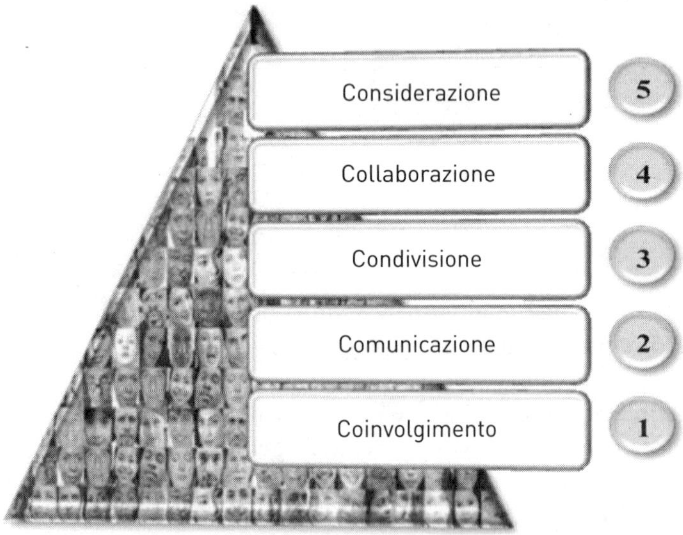

di 5 bisogni aziendali che scaturiscono da alcuni valori della Generazione C e che sono declinabili sulle due differenti tipologie di relazioni aziendali (interne ed esterne). Questi 5 bisogni rappresentano l'esplosione del bisogno di socialità della piramide COSMA, e a loro volta non sono altro che gli step di una nuova scala di Maslow capace di interpretare le esigenze promotrici del fenomeno Web 2.0.[2]

Coinvolgimento. Le persone sentono la necessità di connettersi a una "piazza virtuale" in cui scambiare pareri e informazioni. L'obiettivo qui però è di andare oltre alla semplice connessione e soddisfare la necessità di coinvolgimento e interazione. La connessione da pc o in mobilità rappresenta ormai un bisogno primario, come indicato nella piramide COSMA. Inoltre il concetto di *presence*, ol-

[2] La presente teorizzazione, ideata dall'autore, è già stata pubblicata nel 2008 sul *white paper* "Your enterprise living network" di Reply.

tre che consumer, sta iniziando ad acquisire una valenza business, area nella quale soddisfa pienamente le tipiche esigenze aziendali di reperibilità permanente.

Nei confronti degli stakeholder esterni, oltre a esporre la propria offerta, è necessario interagire con i clienti, i partner e i fornitori per una comune creazione di valore, utilizzando strumenti all'avanguardia in modo da garantirsi una buona visibilità e un complessivo miglioramento dell'immagine aziendale.

Comunicazione. La comunicazione aziendale è essenziale per due motivi:

- dà sicurezza perché garantisce il costante aggiornamento su quanto accade in azienda;
- rappresenta il canale di promozione delle attività di *employer branding*, grazie alle quali l'azienda può costruirsi un'immagine esterna e interna capace di attrarre e trattenere le persone, riducendo così il turnover.

Generalmente la comunicazione aziendale avviene in maniera *top-down* e con un flusso unidirezionale: dal top management verso i livelli sottostanti. Questo approccio non è più sostenibile in modalità univoca; la base da cui partire è improntare la comunicazione su due nuovi assi comunicativi che si affianchino al *top-down* tradizionale (verticale, dall'alto verso il basso):

- *cross* (orizzontale, tra i dipendenti): la comunicazione non deve essere soltanto verticale ma anche orizzontale, cioè deve supportare l'interazione tra utenti. Questo approccio incarna i tipici valori di condivisione e collaborazione alla base del fenomeno Web 2.0;
- *bottom-up* (verticale, dal basso verso l'alto): è necessario trasformare la comunicazione gerarchica *one way* in conversazione bidirezionale con il vertice aziendale. Solo così è possibile sfruttare al meglio le potenzialità di qualsiasi persona all'interno dell'azienda, permettendole di esprimersi liberamente e di far emergere le proprie competenze.

A livello comunicativo, nei confronti degli stakeholder esterni, emerge il concetto di "conversazione". Internet smette di essere solo un canale *broadcast* di comunicazione e di informazione e diventa anche uno strumento di dialogo con gli utenti. Ad esempio, i clienti possono diventare una sorta di audience pronta a promuovere o a bocciare prodotti/servizi in un flusso continuo di conversazioni distribuite e interconnesse. Non ascoltare, non prendere parte e non influenzare tali conversazioni «è un'occasione perduta per le aziende e per i loro uomini di marketing. L'occasione è quella di conoscere la vita dei loro prodotti una volta usciti dalle fabbriche. È quella di comprendere a fondo come vengono usati, perché sono amati o odiati. È l'occasione di conoscere il proprio mercato, i propri consumatori» (Massarotto, 2008). Il ruolo del dipartimento di marketing (e non solo) risulta quindi fondamentale: riuscire a predisporre un ambiente nel quale monitorare le esigenze dei clienti, testare le reazioni del mercato e partecipare alle conversazioni tramite i mezzi più opportuni.

Condivisione. I classici strumenti di knowledge & project management permettono una gestione progettuale basata su team predefiniti. Strutturando in questo modo le attività, si ottimizza il livello di efficienza dei processi aziendali, ma spesso si trascurano alcune potenzialità relative all'interazione tra i componenti del team. Predefinendo i team di lavoro, infatti, si perdono i vantaggi derivanti dalla nascita di gruppi spontanei basati sui propri interessi, sulle proprie passioni e competenze. Per sfruttare i benefici derivanti dalle community e dal bisogno di condivisione è necessario prevedere opportuni strumenti d'interazione capaci di supportare la nascita naturale di punti di contatto tra persone facenti parte dell'azienda.

Nell'interazione con gli attori esterni, in particolare con il cliente, la nascita di conversazioni intorno a prodotti/servizi si può accompagnare alla creazione di brand o product community,[3] che ruotano intorno al concetto di *engagement*, più che di *loyalty*: non è più

[3] Questi spazi diventano laboratori finalizzati all'analisi di temporanei raggruppamenti di individui eterogenei accomunati dalle medesime passioni ed emozioni nei confronti di un brand, così come concepito nelle pratiche di marketing tribale.

importante solo il valore di fedeltà e riconoscimento al marchio, cioè se e quanto un cliente sia soddisfatto, ma qualcosa di più profondo, qualcosa che riguarda le emozioni inconsce del cliente, ovvero come e perché risulta appagato.

Collaborazione. A fianco degli strumenti di condivisione, capaci di costruire le affinità tra persone e concretizzare la nascita di gruppi o team spontanei, sono necessari dei meccanismi che favoriscano la collaborazione e sfruttino il capitale informativo aziendale e la conoscenza che in molte occasioni rimane tacita. Nei confronti degli stakeholder esterni all'azienda, i social media abilitano invece forme di collaborazione imprevedibili. Dal momento che la Rete è uno spazio tramite cui creare, scambiare o modificare contenuti reperibili online, la prospettiva per l'utente cambia radicalmente: nella community diventa possibile proporre o riutilizzare contenuti provenienti da fonti diverse per crearne di nuovi tramite mashup (sito o applicazione web ibrida). Questa nuova concezione di riutilizzo e diffusione di materiale può aiutare l'azienda a definire il punto di partenza da cui propagare il proprio messaggio, ad esempio mediante proficue conversazioni con gli utenti e adeguate azioni di comunicazione virale (si veda il capitolo 6). Inoltre gli strumenti collaborativi permettono di plasmare insieme al cliente prodotti/servizi o specifiche customizzazioni grazie alla preventiva individuazione delle sue effettive esigenze.

Considerazione. Se il controllo di alcune interazioni passa ai dipendenti, i quali comunicano, condividono e collaborano liberamente manifestando la propria competenza e creatività, all'azienda non rimane altro che considerare tali attività e reinterpretarle con una duplice finalità costruttiva:

1) il monitoraggio del clima aziendale consente di percepire criticità emerse grazie alla partecipazione degli utenti della community. La libera espressione delle proprie opinioni aiuta nell'individuazione di problemi, altrimenti difficili da comprendere e risolvere;
2) la possibilità di esprimere le proprie competenze e professionalità pone le basi per una semplice individuazione dei talenti azien-

dali e dei leader carismatici tramite tecniche di *expertise location* (si veda il prossimo paragrafo).

Esternamente all'azienda:

1) nell'era del Web 2.0 l'azienda ha la possibilità d'individuare nuovi collaboratori mediante il *crowdsourcing*, un nuovo modello di

Tabella 3.1 **Bisogni e relazioni interne ed esterne all'azienda**

Bisogno	*Relazioni interne*	*Relazioni esterne*
Coinvolgimento	• Fornire un accesso a un luogo dinamico e a una nuova forma di conoscenza aziendale, tipicamente tacita.	• Costruire una nuova immagine aziendale. • Fornire un punto d'incontro che permetta di entrare in contatto con i clienti/partner/fornitori.
Comunicazione	• Stabilire un canale di comunicazione bidirezionale che si affianchi ai classici monodirezionali, abilitando un nuovo modo di percepire le dinamiche interne. • Stabilire un canale di comunicazione che prescinda dai livelli gerarchici.	• Ricevere feedback e migliorare le relazioni con gli stakeholder, generando una comunicazione bidirezionale.
Condivisione	• Facilitare la nascita spontanea di gruppi e team basati su competenze. • Fornire strumenti d'interazione innovativi per abilitare i nuovi canali di comunicazione.	• Incrementare il livello di engagement. • Stimolare la nascita di relazioni e conversazioni attorno al brand, ai prodotti o a specifiche community.
Collaborazione	• Incrementare la condivisione di conoscenza mediante strumenti innovativi. • Facilitare, grazie alla nascita di poli di competenza specifici, l'emersione di competence team e task force funzionali al business; monitorarne e sostenerne l'evoluzione.	• Permettere la creazione di valore attraverso la collaborazione generata all'interno della community, con un approccio win-win.
Considerazione	• Monitorare il clima aziendale. • Identificare i talenti aziendali e i leader carismatici.	• Monitorare le interazioni con gli stakeholder, individuando per ogni ambito i migliori attori con cui fare business.

business nel quale si richiede lo sviluppo di un progetto o di un prodotto/servizio a utenti generici, clienti o *prospect* (si veda il prossimo paragrafo);
2) relativamente ai partner/fornitori, i nuovi bisogni emergenti nel gestire le relazioni esterne consistono nell'individuare i migliori attori con cui fare business in ottica *win-win*.

I social media

Il fenomeno Web 2.0 sta rendendo il rapporto tra le persone e la Rete molto semplice e intuitivo, a tal punto che ormai l'esigenza di alcuni strumenti si sta percependo anche in ambito aziendale, manifestandosi in quei 5 bisogni primari precedentemente descritti (Coinvolgimento, Comunicazione, Condivisione, Collaborazione e Considerazione).

Internamente all'azienda gli strumenti Web 2.0 offrono la possibilità di condividere competenze distintive, know-how e nuovi percorsi progettuali, rendendo determinati processi più snelli e riducendo i tempi di reazione dell'organizzazione; fanno emergere figure carismatiche, talenti e caratteristiche dei singoli. Nei confronti del mercato permettono invece di coinvolgere i clienti e definire nuove modalità d'interazione online che rinnovino le tradizionali attività di marketing e vendita e incentivino lo scambio di saperi ed esperienze attorno al brand, ai prodotti/servizi e a singoli progetti aziendali.

In entrambi gli ambiti d'interazione, dunque, i benefici si riflettono sui 5 bisogni chiave descritti, che se opportunamente soddisfatti permettono di creare valore aggiunto per l'azienda grazie al graduale coinvolgimento degli utenti. Tutto questo deve però passare *in primis* per la realizzazione di community aziendali *ad hoc* e non solo attraverso l'utilizzo diretto di social network esistenti (come ad esempio Facebook o Twitter), che invece verranno presi in considerazione nell'ambito della leva conversazionale per eccellenza (si veda il capitolo 6).

Dal punto di vista tecnologico a ciascun bisogno corrisponderà l'applicazione aziendale di opportuni strumenti, di seguito descritti.

Social networking (Coinvolgimento, Comunicazione, Condivisione, Collaborazione, Considerazione). I social network rappresentano l'ambiente ideale attraverso il quale coinvolgere nella vita aziendale i dipendenti o i clienti. Un social network aziendale fornisce la connessione profilata a uno spazio dinamico che costituisce un punto d'incontro e un ambiente condiviso, interno o esterno all'azienda; garantisce inoltre un accesso a una nuova forma di conoscenza riconosciuta a livello istituzionale e strutturata dall'azienda funzionalmente e graficamente in base alle proprie esigenze. Creare un social network dedicato vuol dire poter monitorare più agevolmente le discussioni relative ai prodotti e ai servizi, oltre che trarne spunti importanti in un'ottica di miglioramento continuo.

Gli elementi che contraddistinguono tipicamente i social network sono:

- *profiling*: ogni utente è generalmente profilato con una serie di dati, alcuni definiti dall'utente a sua discrezione, altri organizzati automaticamente in base all'utilizzo della piattaforma. Pensando a Facebook, si noterà come una serie di informazioni di base vengono impostate dall'utente, mentre lo *stream* pubblico delle sue azioni tiene traccia ed espone l'elenco di ciò che ha fatto sulla piattaforma;
- *grouping*: la creazione di specifici gruppi di utenti all'interno del network consente una condivisione di conoscenze e di esperienze più mirata. Nei casi di community di grandi dimensioni il senso di appartenenza a un sottogruppo è fondamentale per incrementare l'engagement di un utente, sia esso un collaboratore o un cliente.

Un esempio di soluzione di social networking è costituito da TamTamy, piattaforma realizzata dalla società di consulenza Reply e descritta nell'intervista al suo amministratore delegato nel capitolo 7.

Blog (Coinvolgimento, Comunicazione, Considerazione). I blog sono una sorta di diario personale in continua evoluzione. Il loro dinamismo si contrappone alla staticità dei siti internet. Tendenzialmente i blog possono essere personali o di gruppo e focalizzarsi su tematiche verticali o orizzontali. Un *corporate blog* gestito dal top management garantisce visibilità sulle scelte strategiche in atto e coinvolge maggiormente i colleghi sulle decisioni che la società sta per intraprendere, introducendo in azienda sistemi di comunicazione meno formali e più costruttivi rispetto a quelli classici. Inoltre i blog rappresentano un mezzo attraverso cui la persona può esprimere liberamente le proprie opinioni, passioni e competenze: in tal senso potrebbero permettere la definizione di profili professionali specifici e la conseguente individuazione di esperti in azienda, molto importante soprattutto in contesti *resource-driven*.

In un'ottica esterna il blog aziendale dà la possibilità, ad esempio, di condividere con i clienti la *roadmap* di prodotto, rendendoli più partecipi e gettando così le basi per l'engagement del cliente. Sicuramente ciò che deve emergere da un blog aziendale è la passione per la propria attività, che poi è uno dei fattori fondamentali per stimolare la creatività (si veda il capitolo 5). Il blog è un mezzo semplice e ideale per presentarsi in prima persona, trasmettere competenze ed essere aperti all'innovazione generata dal dialogo. Purtroppo la gestione di un blog richiede un aggiornamento costante e quindi tempo; i migliori blog aziendali sono quelli che hanno saputo esprimere una passione rimasta viva nel corso degli anni.

Uno dei casi più famosi e citati di blog aziendale è "Desmoblog", il blog di Ducati gestito direttamente dall'ex amministratore delegato Federico Minoli, capace di creare un punto di attrazione per gli appassionati di gare motociclistiche e ovviamente prodotti dell'azienda. "Desmoblog" è stato il mezzo naturale per dare evidenza di quell'engagement tipico dei *lovemarks*;[4] lo dimostra il numero di commenti ad ogni post di appassionati, che non poche volte supera il centinaio. Un blog che, pur cambiando lentamente la sua natura

---

[4] La teorizzazione di Kevin Roberts, CEO di Saatchi & Saatchi, che prende il nome di *lovemarks*, si basa sulla creazione di un rapporto emozionale e di lunga durata con il brand. «I *lovemarks* sono brand, eventi ed esperienze di cui le persone s'innamorano. Non solo li ammirano e se li godono, ma li amano, con passione. Solo i *lovemarks* spiegano perché alcuni brand producono legami emotivi durevoli. Siamo alla fine di un viaggio che ci ha portati dai prodotti ai *trademarks*, dai *trademarks* ai brand e che ci spingerà ora dai brand ai *lovemarks*» (Roberts, 2007).

(da CEO-blog a blog aziendale), ha saputo sopravvivere anche al cambio di direzione con l'ingresso del nuovo AD Gabriele Del Torchio, che prosegue nella valorizzazione di quelle relazioni instaurate con gli utenti.

Un'altra azienda italiana tra le più attive da questo punto di vista è Fiat: il blog "Quelli che Bravo", nato nel 2006, ha annunciato in anteprima il lancio della relativa automobile. La sua gestione diretta da parte di alcuni product manager di Fiat (con i loro nomi e cognomi) ha permesso la nascita di conversazioni che sono proseguite con costanza fino a oggi. "Quelli che Bravo" è stato anche il fulcro di una serie di sperimentazioni come il graduale coinvolgimento tramite interviste di altri responsabili aziendali, dalla comunicazione alla produzione, e l'assegnazione di prove su strada esclusive ai primi commentatori di specifici post del blog.

In generale, il blog può rappresentare il punto di partenza e un approccio più *soft* per intraprendere un processo di coinvolgimento degli utenti, finalizzato alla creazione di un ecosistema che si concretizzi in un brand o una product community.

Feed RSS (Comunicazione). Ogni elemento (contenuto o utente) presente all'interno di un blog (post, commenti), di un social network o di un sito di microblogging (lifestream di utenti) è di solito tracciabile tramite un feed RSS dedicato che fornisce in modalità *push* gli aggiornamenti per mezzo di appositi aggregatori. Un feed RSS può essere implementato nei propri siti aziendali (blog, community ecc.).

Il valore dei feed RSS, oltre che fornire contenuti facilmente rintracciabili dagli utenti, sta anche nella possibilità di monitorare le fonti che in generale parlano dell'azienda, o di ricevere aggiornamenti sui blog che citano un prodotto o contengono una specifica parola chiave tramite *alert* di ricerca via e-mail. Se ad esempio si vogliono monitorare tutti gli articoli di testate giornalistiche più o meno importanti e di blog più o meno famosi che parlano del proprio brand, Google Alert permette di iscriversi al relativo feed RSS e di riceverne gli aggiornamenti via e-mail. Se invece si vogliono avere aggiornamenti sulle conversazioni più odierne degli utenti, le piattaforme da cui prelevare i feed RSS sono i social network di microblogging come Twitter e FriendFeed (si veda il capitolo 6 a tal riguardo).

Podcasting (Comunicazione). È una modalità di diffusione di contenuti multimediali che permette di sottoscrivere un abbonamento, tramite feed RSS, per ricevere un aggiornamento immediato e ad ogni nuovo contenuto. Il podcasting viene utilizzato da molte aziende radiofoniche per rendere disponibili le proprie trasmissioni anche dopo la diretta. In ottica aziendale, il *corporate podcasting* può essere utilizzato nei processi di comunicazione interna, specialmente nell'area risorse umane per fini formativi o divulgativi; il *business podcasting* è invece uno strumento in grado di diffondere in Rete propri contenuti multimediali, in genere audio e video. Un esempio di business podcast è Radio Webank (citato nel capitolo 7 nell'intervista ad Andrea Cardamone, direttore generale della Banca online del Gruppo Bipiemme), al momento l'unico presente nel panorama bancario italiano. Radio Webank raccoglie e distribuisce ormai da tre anni consigli e opinioni su come gestire al meglio il proprio denaro attraverso interviste a esperti economico-finanziari e manager di Webank.

Widget (Comunicazione). Sono mini-applicazioni personalizzabili dall'utente che prelevano informazioni all'interno di servizi web, come ad esempio social network (di solito grazie alle OpenAPI, descritte poco oltre). Generalmente un widget è rappresentato da un piccolo box orientato a fornire poche informazioni in maniera semplice, funzionale e intuitiva. I widget possono essere integrati all'interno di blog, di altri social network o di piattaforme proprietarie che fanno da aggregatori (Mashup Portal, descritti nel prossimo punto). ATM (Azienda Trasporti Milanese), ad esempio, nel 2009 ha reso disponibili due widget (uno installabile sul desktop del proprio pc, l'altro integrabile in piattaforme online) che permettono di dare agli utenti informazioni sulla situazione del traffico e sul calcolo dei percorsi di spostamento utilizzando i mezzi pubblici.

Mashup (Comunicazione). Rappresentano un'integrazione tra dati prelevati da diverse fonti, di solito per visualizzarne le relative relazioni. I più famosi sono i *map mashup*, dove i dati di un servizio o di un'applicazione vengono visualizzati all'interno di una mappa. Sono innumerevoli i casi di mashup realizzati con database di dati aziendali (es. case in vendita, ristoranti) e le OpenAPI (si veda oltre) delle mappe del servizio Gmaps di Google. Pur essendo abbastanza complessi dal punto di vista software, fortunatamente, grazie ad alcuni nuovi servizi (es. Yahoo! Pipes), anche persone con una conoscenza tecnica limitata possono realizzare in maniera semplice mashup tra più programmi e applicazioni web.

I Mashup Portal (es. iGoogle, Netvibes) sono invece aggregatori di feed RSS o widget che permettono di visualizzare in un'unica pagina tutti gli elementi e quindi le informazioni di proprio interesse, previa specifica personalizzazione dei singoli componenti da parte dell'utente. In questo modo si riesce ad avere una pagina dinamica del tutto customizzabile sia graficamente sia funzionalmente tramite la disposizione dei widget e la definizione dei dati selezionati dagli stessi.

Question&Answer (Comunicazione, Condivisione). Un altro modello nato con il fenomeno Web 2.0 è quello del Question&Answer (Q&A). Il primo caso di maggior successo è quello di Yahoo! Answer, ma si sono diffuse anche community di Q&A verticali come Stack Overflow, dove è possibile porre quesiti relativi allo sviluppo software.

Il Q&A non è altro che un forum evoluto dedicato a un gruppo d'interesse in cui porre domande legate a una specifica attività (ludica o lavorativa) e ricevere risposte e soluzioni in merito. Ad ogni domanda vengono assegnati dei tag, relativi all'ambito di interesse, e chi pone la domanda sceglierà la risposta migliore, cioè quella che gli ha permesso di risolvere la problematica nel miglior modo possibile. Lo stimolo a rispondere nasce dalla volontà di costruirsi una buona reputazione. LinkedIn, un business social network in cui è possibile pubblicare il proprio CV, trovare lavoro e ricevere e offrire segnalazioni, integra un sistema di Q&A tramite il quale si mostrano le competenze individuali sul campo, rafforzando così la propria professionalità agli occhi degli altri utenti.

Anche nei confronti del cliente il sistema di Q&A può aver successo: sono ormai molte le società americane che si affidano al servizio Get Satisfaction, un sistema di Q&A per fornire una nuova generazione di *help desk* a supporto dei canali di assistenza tradizionali.

OpenAPI (Comunicazione, Condivisione). Le Application Programming Interface (API) sono insiemi di procedure e caratteristiche tecniche di un servizio esposte agli sviluppatori esterni, solitamente raggruppate a formare un set di strumenti per svolgere uno specifico compito. I servizi con API libere e pubbliche in generale hanno ottenuto una rapida diffusione sul mercato in quanto il riutilizzo dei loro dati all'interno di altri servizi ne ha garantito un buon livello di visibilità.

L'utilizzo delle API di Twitter da parte di molti programmatori ha permesso ad esempio la nascita di innumerevoli servizi che si appoggiavano alla sua piattaforma, aiutando così la rapida diffusione del suo brand sul mercato. La strategia di Twitter si è basata sulla creazione di un modello visionario di diffusione delle informazioni (lo *human broadcaster* descritto nel capitolo precedente) unito alla raccolta massiva di dati tramite servizi terzi: se è vero che il microblogging sarà il servizio da affiancare alla e-mail, Twitter, avendo agito da *first mover*, ne rappresenterà la piattaforma ideale per la sua diffusione.

Lifestream (Comunicazione, Condivisione). Rappresenta un sistema di *log* di tutto quello che compie un utente all'interno di una community o più in generale su una serie di servizi web. La nascita e la crescita del concetto di lifestreaming è stata alimentata soprattutto nel 2009 dal moltiplicarsi di conversazioni in Rete. In taluni casi sono nate intere community sulla base di questi *stream*: Twitter genera lifestream basati su status update (ciò che sta facendo l'utente in un certo momento); FriendFeed crea lifestream (esportabili come feed RSS) aggregando le azioni compiute dagli utenti su diversi servizi, come Twitter, Facebook, YouTube ecc. In un social network i lifestream forniscono un metodo di accesso aggiuntivo ai contenuti e ai profili degli utenti. Questo sistema di canali informativi, rafforzati dalla facilità di creare mashup tramite i widget integrabili e applicazioni esterne basate su OpenAPI, potenzia inesorabilmente la comunicazione nei confronti degli attori esterni all'azienda.

Il microblogging, cioè l'attività di pubblicazione di status update che genera un lifestream, può essere utile anche nell'ambito del coordinamento all'interno di un team di lavoro. Se non si vogliono utilizzare gli strumenti più noti come Twitter (ovviamente con account privati), esistono piattaforme disegnate appositamente in ottica aziendale (es. Yammer, Chatter).

Instant messaging (Condivisione). Permette d'instaurare comunicazioni in tempo reale con i propri contatti; se integrato all'interno di un social network, diventa uno strumento abilitante per la crescita della community, in quanto rende possibili comunicazioni rapide tra i suoi componenti.

Livestreaming (Comunicazione, Condivisione). Questi servizi, come Livestream e Ustream, permettono di creare in maniera molto semplice e veloce dirette televisive che possono essere trasmesse da blog e social network. Nel novembre 2008, l'evento "Colazione da Wired", trasmesso in diretta tramite Livestream, il cui flusso video è stato integrato in innumerevoli blog, ha permesso il lancio della nota rivista in maniera particolarmente innovativa. *Wired* è stata tra le prime realtà italiane a utilizzare un servizio di streaming completamente gratuito e corredato di strumenti sociali (come l'instant messaging integrato) per la trasmissione di un evento in diretta. Il livestreaming verrà approfondito nel capitolo 6.

Wiki (Collaborazione). Sono pagine collaborative accessibili, oltre che in lettura, in scrittura, da tutti o da un ristretto gruppo di utenti. Il classico esempio che viene fatto in questi casi è Wikipedia, l'enciclopedia online realizzata dagli utenti da cui questo libro prende spunto per alcune definizioni. Anche se rappresentano la massima espressione dei principi collaborativi del Web 2.0, i wiki sono strumenti ancora sottovalutati in azienda. Si immaginino solamente le potenzialità date dalla possibilità di creare un documento (es. manuale funzionale di prodotto) dinamicamente in modo collaborativo o di redigere la minuta di un meeting con contributi liberamente offerti dai suoi partecipanti. In tal senso il wiki copre esigenze sopite che spesso vengono solo in parte soddisfatte con l'utilizzo delle e-mail, provocando inefficienza in termini di tempo e di *storage*.

File sharing (Collaborazione). Un sistema di sharing permette di caricare documenti e file multimediali con un'area per i commenti relativa a ciascun elemento caricato. I social network mettono di solito a disposizione degli utenti un insieme di "viste trasversali" dinamiche sui contenuti della base di conoscenza, al fine di aumentare il coinvolgimento e stimolare l'interesse degli utenti (i più visualizzati, i più votati, i più commentati ecc.).

- *Tagging*: in genere, nell'ambito di piattaforme sociali, la ricerca di informazioni può avvenire tramite una *search* tradizionale o grazie alle tag cloud. Una tag cloud è l'insieme delle parole chiave (tag) che rappresentano gli argomenti trattati e in cui il loro livello di utilizzo è in rapporto alle dimensioni dei tag (carattere più grande). In azienda questo approccio permette di organizzare dinamicamente le informazioni secondo una modalità *bottom-up*. I tag associati ai contenuti possono essere aggiunti sia da chi carica il contenuto, sia dagli altri utenti. Ciascun termine è selezionabile e la sua scelta consente di visualizzare tutti i contenuti informativi a cui il termine selezionato è stato associato. I primi servizi ad aver integrato sistemi di tagging e ad aver tratto successo da questi sono stati Flickr (sito di condivisione di foto) e Delicious (sito dedicato al social bookmarking). Più di recente, Facebook ha implementato un nuovo tipo di tagging, basato sull'etichettatura di persone all'interno di fotografie: questo ha permesso di ingenerare anche la relativa dinamica di segnalazione all'utente che è stato taggato, amplificandone gli effetti sociali.
- *Rating*: generalmente ciascun contenuto può essere votato in base all'utilità e alle proprie preferenze.
- *Highlight*: l'interpolazione di una serie di dati (numero di commenti, numero di *view*, periodo di pubblicazione ecc.), aggiuntivi rispetto al rating, definisce gli highlight, cioè i migliori contenuti del momento che di solito vengono visualizzati in homepage, come avviene in Facebook nella spalla destra. Il concetto di highlight non è così nuovo: le cosiddette *hits* in ambito musicale sono ad esempio classifiche generate dai dati di vendita dei dischi e quindi dalle preferenze dei consumatori. Allo stesso modo i motori di highlight raccolgono le informazioni sociali all'interno della community e determinano i contenuti più rilevanti per la stessa. Come si vedrà nel prossimo paragrafo, gli highlight, ol-

tre che nel file sharing, sono utilizzati in ambienti più complessi come i digital store.

La condivisione di documenti di testo e multimediali, fruibili e commentabili, permette la diffusione di conoscenza, la sua concretizzazione e conseguente valorizzazione. Inoltre il tagging e il rating arricchiscono le informazioni circolanti, stimolando ulteriormente la collaborazione all'interno dei gruppi di lavoro e permettendo la generazione di highlight, cioè appunto i contenuti considerati migliori in un determinato periodo di tempo.

Social bookmarking (Collaborazione). È un servizio attraverso cui raccolte di segnalibri (*bookmarks*) creati dagli stessi utenti vengono messi a disposizione della community. In pratica è simile al file sharing, ma vengono condivisi e taggati link. Il più celebre servizio di social bookmarking è Delicious.

Expertise location (Collaborazione, Considerazione). In alcune aziende, soprattutto quelle *resource-driven*, si stanno testando sistemi che permettano di individuare esperti sulla base di strumenti tipici del Web 2.0. Un metodo può essere quello di utilizzare il sistema di tagging sugli utenti e non sui contenuti: ogni utente ha la possibilità di auto-assegnarsi delle parole chiave (tag) che contraddistinguono e caratterizzano il suo lavoro. Allo stesso modo un utente può essere "taggato" dagli altri utenti (con possibilità per il destinatario di cancellare i tag scorretti o sgradevoli) con un peso maggiore rispetto al caso di *self-tagging*. Infine gli utenti hanno la possibilità di scambiarsi pareri mediante un sistema di Q&A: questo attribuisce le expertise con le quali la domanda è stata taggata all'autore della migliore risposta. Tutti i tag andranno anche a popolare una tag cloud aziendale relativa alle competenze. Questa modalità di accesso all'informazione consente di organizzare le competenze delle risorse dell'azienda e visualizzare quelle più importanti. Inoltre ciascun tag è selezionabile e la sua scelta consente di elencare ed eventualmente contattare tutti gli esperti legati a quella specifica tematica.

Con una logica leggermente differente, Sabre, leader mondiale nella fornitura di tecnologia e soluzioni distributive per il settore dei viaggi, ha realizzato Sabre Town. Questo social network aziendale integra un motore di profilazione che, sulla base di una serie di informazioni personali dichiarate spontaneamente o desunte dalle azioni dell'utente nel social network, delinea un profilo professionale abbastanza preciso. La piattaforma integra anche una sistema di Q&A in grado di inviare via e-mail determinate domande a coloro che il motore di profilazione ha identificato come esperti in quella materia. Questa struttura di expertise location ha permesso a Sabre di ottenere i seguenti risultati:

- il 60% delle domande ha ricevuto risposte nell'arco di un'ora (si immaginino, ad esempio, gli impatti in termini di capacità di risposta al cliente);
- ciascuna domanda ha ricevuto in media nove risposte (la varietà degli interventi permette di ottenere informazioni più puntuali);
- è stato stimato un risparmio complessivo sui costi pari a 150.000 dollari insieme a una serie di altri benefici difficilmente misurabili.[5]

Crowdsourcing (Collaborazione, Considerazione). Avviene sempre più di frequente che le aziende si rivolgano a community composte da professionisti e appassionati per la risoluzione di problemi, la creazione di progetti specifici o la libera generazione di idee. Zooppa, ad esempio, è un social network in cui qualsiasi creativo (e non soltanto le classiche agenzie pubblicitarie) può proporre il proprio spot per *contest* che coinvolgono importanti brand come Microsoft, Telecom Italia, Coin, Virgilio ecc. InnoCentive è invece un sito che mette in contatto aziende in cerca di soluzioni specifiche con esperti di vari settori (dal chimico all'informatico) in grado di dare supporto alle attività di R&S.

Se Zooppa e InnoCentive sono più orientate al *problem solving*, esistono casi di aziende che, tramite progetti di *open innovation*, tentano di generare conversazioni libere intorno a filoni argomentativi come in un vero e proprio *brainstorming*. L'obiettivo è comunicare

---

[5] Fonte: http://tinyurl.com/5rrlht

con i propri clienti stimolando la creatività collettiva (di cui si parlerà nel capitolo 5) tramite alcuni degli strumenti descritti nei precedenti punti, come Q&A, file sharing e social networking. Un caso recente è rappresentato dalla community del Mulino Bianco "Nel Mulino che Vorrei",[6] in cui si propongono e condividono idee relative a nuovi potenziali prodotti (si veda l'intervista realizzata ai dirigenti di Barilla nel capitolo 7).

Il crowdsourcing può avere sia finalità legate al profitto per cui lo scopo è di far leva sui contenuti generati dagli utenti e sugli "effetti di rete" che essi implicano, abilitando l'intelligenza collettiva della community sulle tematiche che la riguardano; sia finalità etiche e divulgative come nel già citato caso di Wikipedia.[7] In entrambe le situazioni, comunque, i concetti alla base del crowdsourcing e più in generale delle community sono simili e intimamente legate alle teorizzazioni nel campo della fisica relative ai cosiddetti "sistemi complessi" (applicati da pochi anni anche in ambito finanziario attraverso la disciplina dell'econofisica): i sistemi complessi sono strutture nelle quali le singole parti che le compongono sono semplici, ma interagendo tra di loro danno luogo a un comportamento molto complesso, non lineare, autorganizzato e più produttivo. La community nella sua completezza non è quindi considerabile come il semplice insieme degli utenti, per via di quell'intelligenza collettiva che da essa scaturisce.

Ranking (Considerazione). Nell'ambito del social networking spesso i migliori utenti rientrano in una classifica stilata automaticamente in base a una valutazione quantitativa (livello di utilizzo e contribuzione sulla piattaforma in esame) e qualitativa (interesse generato dai contributi dell'utente). Ovviamente nei sistemi di crowdsourcing gli strumenti di valutazione dei contributi sono molto affinati e spesso richiedono il giudizio dell'amministratore della community.

---

[6] www.nelmulinochevorrei.it

[7] Il libro *Wikinomics* (Tapscott e Williams, 2007) descrive innumerevoli casi di crowdsourcing e rappresenta un punto di riferimento del settore per l'analisi del fenomeno della *peer-production*.

Nella relazione con i clienti l'importanza e la visibilità data agli utenti più promettenti è fondamentale per il successo del network perché è alla base delle dinamiche di creazione della reputazione.

In generale, spesso il ranking degli utenti può aiutare il top management nell'individuare talenti aziendali e figure carismatiche all'interno ed *evangelist* all'esterno.

Le nuove modalità d'interazione descritte, soprattutto in specifici ambiti lavorativi, alimentano una circolazione dell'informazione assai efficace per il business. Individuare rapidamente quale collega può fornire un aiuto per la risoluzione di un problema può rivelarsi particolarmente utile (expertise location); essere aggiornati sulle scelte strategiche delineate dalla direzione aumenta il coinvolgimento e il senso di appartenenza all'azienda (blog). Inoltre servizi quali l'instant messaging, il wiki, il file sharing o il Q&A permettono di scambiarsi velocemente pareri e osservazioni sulle attività lavorative, limitando i tempi necessari per accedere alle informazioni o individuare documenti importanti, oltre che, in taluni casi, ridurre il numero di riunioni necessarie.

Esternamente, questi strumenti assumono elevato valore nella gestione della relazione con clienti e *prospect*. La possibilità di commentare e votare incoraggia la nascita di relazioni e discussioni su tematiche rilevanti; i blog, il Q&A e il crowdsourcing permettono di condividere il know-how aziendale con la community e trarre da questa spunti e idee.

Vista la diversità di appartenenza, di preparazione e di intenti degli attori coinvolti è dunque necessario rendere disponibili strumenti conosciuti e intuitivi, in grado di favorire la nascita di interazioni proficue e idee funzionali al business specifico.

Dal social networking al social shopping, dall'e-commerce ai digital store

Vedere i social network come un ambito d'interazione accessorio può rivelarsi pericoloso. Se fino a poco tempo fa la community poteva essere concepita come un mezzo d'interazione con il mercato, adesso questa inizia a diventare il luogo di consolidamento di alcune percezioni sul prodotto e talvolta anche di creazione dello stesso.

Il blog ufficiale, in prima battuta, e i social network diventano i bacini di approdo in cui si arriva se si mostra già qualche interesse per il brand/prodotto. Questi contesti sociali sono fondamentali per attrarre gli utenti in cerca di informazioni e trasmettere il valore dei propri prodotti e servizi. La contaminazione tra azienda e consumatore diventa bidirezionale: l'azienda influenza in maniera nuova la decisione di acquisto, l'utente influenza a sua volta le caratteristiche del prodotto esprimendo le proprie impressioni tramite il dialogo, dialogo che però si estende anche ad altri utenti, una massa che spesso decide gli acquisti in gruppo dopo il confronto.

Quanto avveniva offline fino a qualche tempo fa (comparazione di prodotti, ricerca di informazioni dai propri amici, individuazione del prezzo minore) ormai si svolge in Rete fino a prima dell'acquisto. Anzi, sempre più spesso anche l'acquisto si verifica online (l'e-commerce cresce in Italia in modo lineare e a due cifre da alcuni anni. Nel 2008 questa tendenza si è confermata con un aumento del 30,7%),[8] soprattutto con l'estendersi del fenomeno dei digital store. Tali piattaforme assomigliano a delle vere e proprie community, più che a semplici siti di e-commerce. Si pensi ad esempio all'Application Store di Apple: le applicazioni possono essere votate, recensite e segnalate ai propri amici. L'esperienza d'acquisto è sociale, nel senso che diventa collettiva. Come fare in modo che questo scambio di informazioni all'interno di spazi aziendali destinati anche alla vendita possa rivelarsi proficuo?

La nuova dimensione di acquisto, quella del social shopping, generalmente integra nelle sue piattaforme tre algoritmi essenziali che si basano su informazioni sociali:

- *motori di profilazione*: raccolgono da fonti eterogenee informazioni legate all'utente, ai suoi comportamenti e alle sue preferenze. Su base qualitativa l'analisi potrebbe basarsi su motori semantici (ancora poco diffusi e difficili da integrare); su base quanti-

[8] Fonte: "E-commerce in Italia 2009", Casaleggio Associati.

tativa, le informazioni raccolte sono fornite dagli utenti stessi in maniera esplicita (es. compilazione di una *form*) o implicita (es. rating di un *item*). Il sito di e-auction eBay integra un sistema di profilazione e reputazione alimentato dalle votazioni reciproche di venditori e acquirenti;

- *motori di highlight*: già descritti nel paragrafo precedente, sono quegli algoritmi che si basano sui dati di acquisto e di preferenza sociale da parte della community;
- *motori di recommendation*: quanto analizzato con i motori di profilazione può essere immediatamente utilizzato come risorsa per il popolamento dei motori di raccomandazione. Questi ultimi propongono in maniera dinamica nuovi contenuti e prodotti in base al profilo dell'utente, che viene progressivamente arricchito grazie alle sue stesse attività sociali. Nell'ambito del cross-selling un caso che ha fatto scuola è Amazon, per la capacità con cui propone libri e altri prodotti affini ai gusti della persona. Ma una delle aziende che ha correttamente fatto tesoro delle esperienze di Apple e di Amazon, prendendo spunto da entrambe, è Vodafone: Vodafone 360, il digital store lanciato a fine 2009 dalla nota società di telecomunicazioni, sembra integrare un motore di raccomandazione profilato che studia i singoli comportamenti degli utenti (dati di registrazione, navigazione, acquisto ecc.) e su questa base ripropone contenuti digitali eterogenei (musica, giochi, applicazioni ecc.).[9]

I digital store rappresentano un'occasione importante per riflettere su tematiche come la *purchase experience* (esperienza d'acquisto) e il social shopping. Spesso, però, le aziende non hanno la capacità economica o le caratteristiche commerciali per realizzare un proprio digital store. Succede allora che le informazioni scaturite dalle conversazioni e raccolte tramite brand o product community non vengano utilizzate, ad esempio, da motori di raccomandazione e rimangano dimenticate nelle relative piattaforme. Se da un lato risulta indispensabile proporre ai clienti nuove modalità d'interazione online

[9] Fonte: Vodafone 360 (http://tinyurl.com/y9eagf5).

(blogging, microblogging ecc.) soprattutto in termini di comunicazione, dall'altro la criticità risiede nella capacità di esportare e integrare questi dati a valore aggiunto all'interno dei sistemi di CRM (*customer relationship management*). Problema ancor più sentito in un'era in cui le informazioni sociali stanno progressivamente diventando sempre più qualitative (le conversazioni in real-time, descritte nel capitolo 6) a discapito di quelle quantitative nate qualche tempo fa (rating, numero di download, numero di preferiti ecc.). Se il Real-Time Web potrebbe essere *the-next-big-thing* per l'utente, per le aziende la prossima sfida è l'analisi del *sentiment* e l'aiuto tecnologico potrebbe e dovrebbe arrivare da motori semantici sempre più intelligenti.

Nello scenario appena delineato in questo capitolo, i 5 bisogni emergenti indotti dal Web 2.0 hanno, come tutte le innovazioni tecnologiche e organizzative, una doppia valenza: se in prima battuta la loro corretta interpretazione consente di cogliere nuove opportunità riuscendo a prepararsi per tempo alla fenomenologia delle community e del social shopping, sul lungo periodo tali opportunità, se trascurate, potrebbero trasformarsi in potenziali rischi. La capacità di essere reattivi ai cambiamenti generati dal mercato ed essere proattivi nel fornire spazi di confronto e di discussione liberi e trasparenti, a cui possono partecipare i dipendenti come i clienti dell'azienda, può diventare una prerogativa di successo per molte aziende.

4. L'utente acquisisce il Controllo: le nuove strategie per competere

Il Controllo da parte dell'utente, colui che tutto crea e tutto distrugge, gli permetterà di trovare ciò che desidera, percepirne il reale valore ed eventualmente collaborare alla sua crescita.

Grazie a internet il cliente diventa utente. L'utente ha una più elevata quantità di informazioni e una maggiore semplicità ad accedervi. Non è più quel target passivo dell'offerta come avveniva con il marketing mix tradizionale, ma assume differenti ruoli nell'interazione con l'azienda: da semplice cliente diventa partner nella creazione di idee, prodotti e spot pubblicitari e, in quanto tale, vero e proprio *human broadcaster* verso altri clienti. La volubilità delle sue scelte rende estremamente difficile farlo rientrare in uno specifico e statico segmento di mercato a cui proporre una determinata offerta.[1]

Il nuovo cliente acquisisce potere e contemporaneamente diventa poco prevedibile. Più che cercare prodotti o servizi, desidera soluzioni per suoi bisogni, spesso inconsci, che molte volte corrispondono a un contatto trasparente con l'azienda (Coinvolgimento), a una interazione paritetica con essa (Comunicazione), a un confronto con gli altri utenti (Condivisione), alla creazione di valore, inteso come nuove idee di prodotto e di comunicazione (Collaborazione), o a un'attenzione evoluta da parte dell'azienda (Considerazione).

Soddisfare questi bisogni attraverso la creazione di social network e community *ad hoc* risulta impegnativo, seppur necessario. L'utente, infatti, sta sempre più acquisendo il pieno controllo delle leve a sua disposizione, perché dissipa quell'asimmetria informativa che non gli dava piena visibilità delle variabili in gioco e dei rapporti di trade-off tra prezzo e qualità del prodotto. Le dinamiche di so-

---

[1] Il classico modello di marketing STP (segmentazione, targeting e posizionamento) in molti casi ormai non basta a strutturare uno studio strategico del mercato.

cial shopping descritte nel capitolo precedente non fanno altro che consolidare questo processo. Di conseguenza il valore percepito risulta essere vicino a quello reale.

Internet ha un ruolo sempre più rilevante nella ricerca di informazioni sulle aziende e sui prodotti. A tal proposito, in una ricerca del 2008[2] Nielsen indica le seguenti percentuali di utilizzo del web:

- internet come fonte principale di informazioni su prodotti e servizi: 85%,[3] con una crescita dell'11% rispetto all'anno precedente;
- ricerca di informazioni su internet e successivo acquisto nel punto vendita offline: 79%;
- internet come base informativa per il confronto dei prezzi di prodotti e servizi che si è già deciso di acquistare: 69%.

Gli utenti online sono sempre più multitasking ma anche più "volubili" rispetto alle scelte di acquisto;[4] scambiano informazioni e raccomandazioni sui prodotti e sui servizi senza filtri o mediazioni: si pensi al caso americano Yelp[5] e a quello italiano 2Spaghi, dove le relative community condividono pareri, votazioni e recensioni sui ristoranti.

Cambiano quindi i rapporti tra il nuovo protagonista del mercato e l'azienda e si generano due importanti trend:

- vengono alla luce nuovi modelli di business (soprattutto nel terziario e nei servizi) tipici dei servizi Web 2.0, come ad esempio il già citato *freemium model*. In questo contesto è necessario riconsiderare le tradizionali strategie di *pricing* e di *cost saving*;
- gli utenti, avendo una maggiore capacità di reperire informazioni, riescono più facilmente a individuare prodotti di nicchia che possano soddisfare appieno le loro esigenze.

---

[2] Fonte: Nielsen Consumer, Osservatorio Multicanalità 2008.

[3] Percentuale di rispondenti sul rapporto "molto + abbastanza/base di chi si connette a internet".

[4] Fonte: "Media Multi-Taskers: more engaged & entertained online", EIAA 2009.

[5] Sul social network Yelp si pubblicano recensioni e raccomandazioni non solo su ristoranti, ma anche su negozi, servizi ecc.

Per contro l'azienda, come nel caso della costruzione di community, non può affidare il rapporto con il mercato solo al marketing: è l'intera società a proporre nuovi business model e a promuovere un approccio più trasparente. Sono quindi le singole persone dell'organizzazione a dover entrare in questa nuova logica e a saper interagire con il cliente, quale che sia la funzione aziendale di cui esse fanno parte.

I modelli transazionali della freenomics

In un articolo del 2009 sul periodico americano *Wired*, Chris Anderson descrive i modelli di business che supportano la nascita e l'offerta di prodotti e servizi negli ultimi anni.[6] Anderson sostiene che l'economia del gratis, la *freenomics*, dalle tecnologie dell'era digitale sta sempre più impattando sull'economia reale. Di seguito vengono descritti i relativi modelli emergenti.

Free 1. Il classico scambio tra acquirente e venditore, tramite il quale viene regalato un oggetto in cambio di una transazione legata a un altro (es. omaggio di un gadget all'acquisto di un prodotto, applicato nel commercio tradizionale). Il banking online sta attualmente interpretando questo modello: si regalano prodotti (i conti correnti) e si vendono servizi (transazioni).

Free 2. Il classico modello della pubblicità tramite il quale sono cresciute e si sono imposte sul mercato aziende come Mediaset, nel settore media, e Google, nel settore internet.

Free 3. Il *freemium model*[7] potrebbe sembrare il sistema tramite il quale l'offerente propone un "campione" (o un *trial* temporaneo) del prodotto/servizio all'acquirente per invogliarlo all'acquisto. In realtà il campione, che solitamente nei mercati classici rappresenta una

[6] Gli stessi modelli sono descritti nel libro di Anderson *Gratis* (2009).
[7] Termine coniato dal *venture capitalist* Fred Wilson.

Figura 4.1 **I 4 modelli "Free" di Chris Anderson**

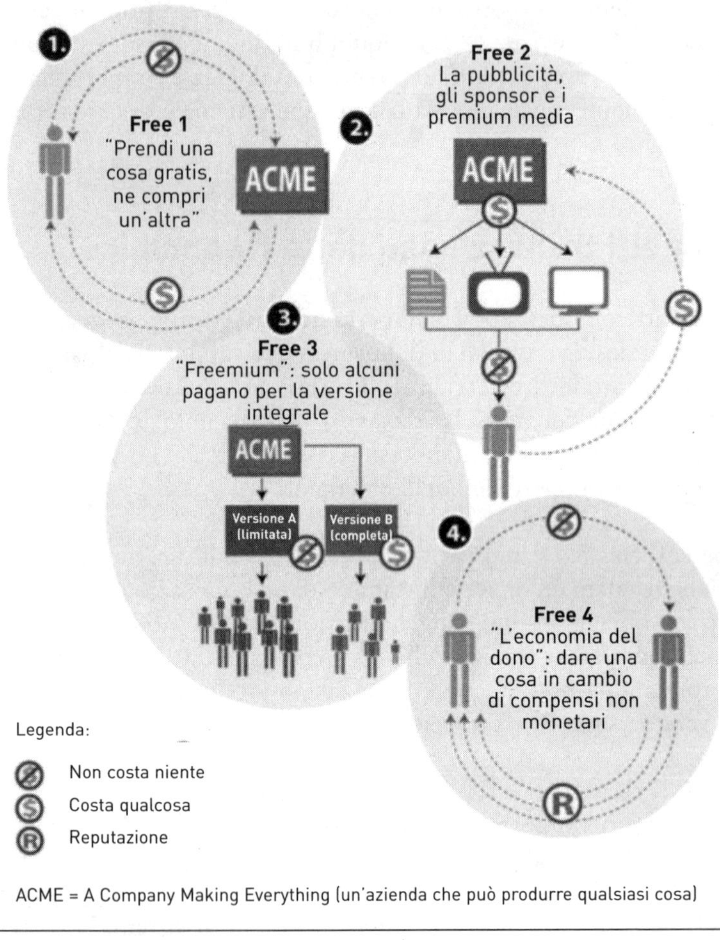

Fonte: David Armano (www.darmano.typepad.com). Armano è un famoso blogger ed esperto di social media, conosciuto soprattutto per la capacità di esprimere graficamente pensieri, *concept* e teorizzazioni

bassissima percentuale del transato, nel *freemium model*, tipico del web, corrisponde a buona parte del prodotto/servizio. Il business rimane sostenibile grazie a quei pochi utenti che acquistano servizi aggiuntivi e all'advertising per coloro che non pagano. Skype, ad esempio, regala l'utilizzo del software per fare chiamate tra pc e vende invece chiamate da pc a telefono tradizionale.

Il modello Free 1, grazie alle dinamiche del Web 2.0, si è evoluto verso il modello Free 3, differenziando l'offerta con un duplice approccio: *in primis*, alla fase di sottoscrizione di un nuovo servizio, l'utente ha accesso gratuito a tutte le principali funzioni del sistema, con la possibilità di richiedere funzionalità "premium" a pagamento. Questo modello, piuttosto comune attualmente, permette alle startup di ampliare in tempi rapidi la propria base utenti, garantendo l'accesso gratuito alle funzioni di base (tipicamente sovvenzionate dall'advertising) e migliorando il servizio tramite i canoni (mensili o annuali) finanziati dalle sottoscrizioni della parte più attiva della propria community di utenti. Di solito le funzionalità *basic* gratuite costituiscono un costo di marketing per la società, che appunto viene ribaltato sugli utenti premium.

Anche se difficile da applicare nell'ambito di prodotti fisici (non solo per via della *delivery*, ma anche per costi di produzione generalmente più alti), la trasparenza di un modello che offre buona parte delle funzionalità del prodotto gratuitamente sta influenzando in maniera inesorabile molti tipi di mercati perché abitua l'utente a instaurare un nuovo genere di rapporto con l'azienda: ad esempio lo scambio implicito può essere tra la fruibilità del prodotto/servizio (disponibile in parte gratuitamente) e l'inevitabile promozione che lo *human broadcaster* andrà a diffondere sul web; se questo primo rapporto va a buon fine, scatta l'engagement del cliente e il conseguente acquisto delle restanti funzionalità a pagamento. La gratuità di ciò che si offre «ha una tale attrattività psicologica che gli imprenditori troveranno sempre modi per sfruttarlo, rendendo gratuite alcune cose e vendendone altre» dice Anderson.

Un'estremizzazione teorica di questo modello, applicato alla leva Community analizzata nel capitolo precedente, può essere:

- costruire una community che permetta agli utenti di scambiarsi informazioni gratuite su un argomento legato al settore della propria azienda;

- grazie a questa community, progettare alcuni prodotti che i consumatori desiderano e offrirne loro una versione base;
- progettare per chi ha potenzialità economiche più elevate una versione più elaborata del prodotto a pagamento, che incorpori una serie di personalizzazioni desiderate ed emerse al punto precedente.[8]

Free 4. Il profitto per i servizi di cui fruisce l'acquirente non corrisponde a flussi di denaro ma ad altri tipi di remunerazione, quali:

- *economia del dono*: si potrebbe fornire un semplice servizio su internet (come la realizzazione di un blog tematico) per divertimento personale o per diffondere ad altri informazioni utili e rilevanti;
- *baratto*: molti scambi di prestazione che avvengono in Rete si configurano come il tradizionale baratto. Si pensi al motore di ricerca Google: ogni volta che si fruisce gratuitamente di questo servizio e si clicca su uno dei link forniti come risultato, si contribuisce a migliorarne l'algoritmo di ricerca (Google crea infatti delle relazioni pesate tra parole cercate e risultati cliccati). In pratica l'utente migliora gratuitamente l'algoritmo fruendo gratuitamente del servizio; Google ne trae vantaggio potendo poi rivendere spazi di advertising su un motore di ricerca sempre più accurato nei suoi risultati;
- *reputazione*: chi fornisce una prestazione o un'opera gratuitamente potrebbe trarre vantaggio dalla reputazione che crea con essa. Molti blog professionali si basano su questo principio (compreso il mio). La creazione di una reputazione è intrinsecamente correlata a un altro trend rilevante, il *personal branding*.[9] I social media rappresentano mezzi di comunicazione a costo pressoché nullo per diffondere le proprie idee, convinzioni e competenze e

[8] Teorizzazione pubblicata sul libro *Gratis* (Anderson, 2009) ed effettivamente realizzata dall'azienda Adafruit Industries, che produce oggetti elettronici.
[9] Termine coniato da Tom Peters nel 1997 in un articolo dal titolo "The Brand Called You" ("Il marchio chiamato te") che esponeva già alcune teorie alla base del concetto di *personal branding*.

costruire un brand attorno a esse. Il *personal branding* è una pratica in grado di creare valore attorno alla propria professionalità: la cosa importante è imparare a gestire la propria immagine come un brand prima che sia la Rete a farlo autonomamente per noi (si veda a tal proposito il paragrafo sul Chief Marketing Officer, nel capitolo 5).

La Coda Lunga e i suoi algoritmi

Secondo il teorema di Pareto, incluso di solito tra le tecniche per il controllo qualità in ambito industriale, la maggior parte degli effetti (80%) è dovuta a un numero ristretto di cause (20%). La teoria della Coda Lunga (o Long Tail) di cui spesso si parla per descrivere alcuni modelli economici e commerciali, come ad esempio quello di Amazon.com, prende spunto dal teorema di Pareto. Il termine, coniato sempre da Chris Anderson in un articolo dell'ottobre 2004 di *Wired* USA,[10] è comunemente utilizzato nelle scienze statistiche per definire modelli di distribuzione in cui una popolazione ad alta frequenza o ampiezza è seguita da una popolazione a bassa frequenza o ampiezza che diminuisce progressivamente.[11]

Anderson sostiene che i prodotti di nicchia e con bassi volumi di vendita insieme possono raggiungere una quota di mercato anche più elevata rispetto a quella dei pochi bestseller; questo solo se il canale di distribuzione che li offre è complessivamente abbastanza grande. In pratica, gli utenti che acquistano libri su Amazon.com riescono facilmente a individuare quelli di nicchia, cosa spesso difficile nelle normali librerie.

Se la grande distribuzione tradizionale ha alcuni limiti nel proporre un'offerta variegata, il web supera queste limitazioni intrinseche. Un sito internet, infatti, raggiunge potenzialmente tutto il mondo con un'offerta assai diversificata. Non esiste alcun immobilizzo di capitale a magazzino, poiché si ordina il prodotto al fornitore non

[10] Anche in questo caso il modello è descritto in un libro, si veda Anderson (2007).
[11] Fonte: Wikipedia.

Figura 4.2 **La teoria della Coda Lunga**

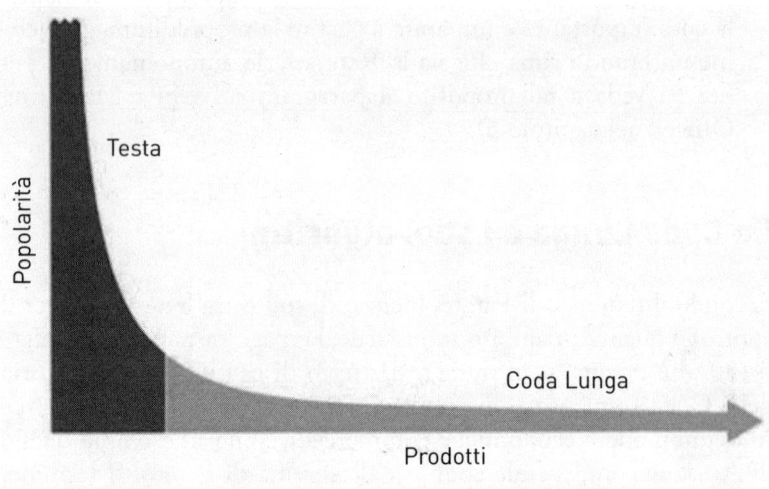

Fonte: http://tinyurl.com/ycmlc7j

appena si riceve la richiesta da parte del cliente. Questo modello genera sostanzialmente uno spostamento del controllo sull'informazione e sui processi verso la "coda" della curva e al contempo una democratizzazione delle attività di distribuzione e consumo dei prodotti. Il maggior controllo dell'utente, inteso come capacità di scovare in maniera più semplice prodotti capaci di soddisfare pienamente le sue esigenze, apre in tal senso nuovi scenari di business.

Sebbene la teoria della Coda Lunga risulti affascinante, un recente studio di Anita Elberse pubblicato sulla *Harvard Business Review*[12] ha provato a metterla in discussione ipotizzando un altro fenomeno, quello dei *winners-take-all*, basato sulle seguenti evidenze empiriche:

- la "testa" della curva continua a dare buoni risultati in molti settori (cioè sono i prodotti di maggior successo a generare la maggior parte del fatturato);

[12] http://tinyurl.com/yfu4v7z

- i *light-buyer* (coloro che acquistano poco) generalmente comprano dalla "testa";
- sono gli *heavy buyer* (coloro che acquistano tanto) a comperare prodotti di nicchia facenti parte della "coda", generando un basso numero di acquisti.

Se si analizzano queste considerazioni alla luce degli algoritmi dei motori di calcolo integrati nei digital store si evidenziano alcuni interessanti fenomeni.

- Spesso i prodotti più venduti sono quelli della "testa", perché i motori di highlight generano un circolo autoreferenziale con cui vengono promossi sempre i contenuti rilevanti per la community e quindi in un certo qual modo preferiti dalla massa. Le lamentele degli sviluppatori di applicazioni per iPhone sono significative: l'Application Store di Apple, infatti, continua a far emergere gli ultimi contenuti più scaricati, che nel corso del tempo vengono dimenticati nella miriade di applicazioni realizzate. Sembra che Apple stia valutando l'introduzione di un motore di recommendation.
- Sono i motori di recommendation a sostenere la Coda Lunga. I prodotti di nicchia vengono promossi in relazione al profilo dell'utente o più semplicemente in base ai prodotti e alle ultime pagine viste. E infatti il motore di Amazon fornisce la migliore dimostrazione di questo rapporto causa-effetto con il caso del libro *Touching the Void* (pubblicato alla fine degli anni Ottanta, citato anche da Anderson nell'articolo originale di presentazione della Coda Lunga). Il volume, nonostante alcune recensioni positive, vende pochissime copie ed esce dopo poco tempo dal mercato. Dieci anni dopo viene pubblicato un altro libro, *Into Thin Air*, che narra una storia con una tematica similare al precedente (una tragedia sulle montagne). Il libro ha successo e, grazie all'algoritmo di Amazon, trascina con sé *Touching the Void*. Quest'ultimo, a dieci anni di distanza, conquista una popolarità inattesa, supera come vendite il più recente (è necessario ristamparlo per far fronte alle richieste) e diventa un bestseller del *New York Times* (Granieri, 2006).

- I *light buyer*, contrariamente agli *heavy user*, di solito non si iscrivono agli strumenti sociali della piattaforma o comunque non lasciano molti dati, contribuendo poco alla definizione del proprio profilo di acquisto. Pertanto concorrono in maniera ridotta all'alimentazione della Coda Lunga, perché il motore di raccomandazione non riesce a generare proposte adeguatamente profilate e di nicchia.

Con queste considerazioni non intendo sostenere l'una o l'altra ipotesi.[13] Credo che ciascuna analisi possa avere valore se ricondotta al settore di origine; probabilmente qualsiasi teorizzazione in quest'ambito deve essere poi valutata caso per caso. Ad esempio nel campo dei libri la teoria della Coda Lunga sembra funzionare molto bene; in Italia la libreria online Hoepli.it, oggetto di una delle interviste del capitolo 7, vende il 70% dei suoi libri a copia singola e il loro ammontare complessivo consente di raggiungere volumi di vendita rilevanti. Sicuramente ciò che emerge da questa disamina è che le tecnologie non sono da sottovalutare: il genere di modelli descritto può acquisire un valore particolare in questo momento storico per l'importanza dei dati che possono essere acquisiti ed elaborati tramite strumenti di social shopping e algoritmi sottostanti capaci di alimentare sia la "testa" sia la "coda" della curva in questione.

Un'ultima considerazione abbastanza importante: la metafora della Coda Lunga può essere presa in esame non solo per i prodotti (*selling less of more*), come si è visto, ma anche per i fattori di input (*getting less from more*),[14] specialmente in quelle forme di lavoro intellettuale conducibili online e sostenibili anche senza un forte coordinamento organizzativo (es. sviluppo software). Invece di accollarsi i costi fissi di un team di risorse dedicato, le aziende possono frazionare alcune attività produttive distribuendole tra i membri di un social network o di un sito di crowdsourcing costruito *ad hoc* (si veda il capitolo precedente), attraverso gli approcci descritti nel

[13] Chris Anderson e Anita Elberse sono rimasti sulle proprie posizioni originali, interpretando in maniera diversa dove finisca la "testa" e dove inizi la "coda" della curva (il primo infatti si basa su numeri assoluti, la seconda su percentuali).

[14] Citazione tratta da un articolo di Carnevale Maffe (2007).

prossimo paragrafo. In questo processo di coinvolgimento del mercato i confini dell'azienda risultano sempre meno marcati, tanto che gli utenti-clienti forniscono addirittura un loro contributo alle attività primarie della catena del valore di Porter.[15]

Kaizen esteso

Il controllo che lentamente sta acquisendo l'utente passa anche dalla sempre maggiore possibilità di collaborare con l'azienda ed essere considerato da essa alla stregua di un partner. Nuovi *concept*, design innovativo, bisogni emergenti sono una serie di spunti che possono essere tratti facilmente da interazioni nate in Rete. La possibilità per l'azienda di avere uno spazio d'interazione in cui è essa stessa a stimolare il confronto non può che garantire risultati positivi e, in taluni casi, ridurre i costi.

Il nuovo approccio verso il cliente replica in parallelo le basi fondamentali della teoria Kaizen, solo che in questo caso tale modello viene esteso fino al cliente. Il Kaizen è una metodologia giapponese di miglioramento continuo, passo dopo passo, che coinvolge l'intera struttura aziendale. Il termine Kaizen, infatti, è la composizione di due termini giapponesi: *Kai* (cambiamento) e *Zen* (meglio). Il Kaizen, presentato inizialmente dalla Toyota e applicato sempre più in tutto il mondo, si basa sul principio che detta le fondamenta di questa "filosofia", ovvero sulla comprensione che il risultato in un'impresa non viene raggiunto soltanto dal management, ma perlopiù dal lavoro diretto sul prodotto ("l'energia viene dal basso"). Il management assume dunque una nuova funzione, non tanto legata alla gestione gerarchica quanto al supporto di coloro che sono direttamente coinvolti nella creazione di valore.[16]

---

[15] Il modello teorizzato da Michael Porter nel 1985 vede l'azienda come un insieme di attività primarie (logistica interna, *operations*, logistica esterna, marketing & vendite, servizi) e di supporto (infrastruttura dell'impresa, gestione delle risorse umane, sviluppo della tecnologia, approvvigionamenti).

[16] Fonte: Wikipedia.

Il Web 2.0 si basa su due concetti che seguono in maniera lineare l'approccio Kaizen ed estende tali concetti al cliente finale, superando i tradizionali confini aziendali:

- i risultati vengono dal basso, cioè dagli utenti: tutti i prodotti e i servizi devono essere pensati in chiave sociale, ponendo al centro dell'esperienza il cliente. Per questo il cliente deve essere visto come un utente e può essere coinvolto fin dalle fasi di realizzazione del prodotto;
- il miglioramento continuo è espresso dalla *beta version*: la cosiddetta fase "beta permanente" rientra perfettamente nella filosofia Web 2.0, dove l'interazione con i propri utenti è fondamentale per guidare l'evoluzione di ogni prodotto e soluzione. Al tal proposito è necessario fare proprie in modo costruttivo anche opinioni e critiche sulle caratteristiche del prodotto e del servizio. Questo implica la capacità di modificare l'offerta *in itinere* e la flessibilità nell'influenzare la prossima *release* di prodotto/servizio.

Ovviamente questa nuova visione può avvenire solo se chi lavora all'interno dell'azienda l'ha fatta propria. Nessun dipendente deve rimanere al di fuori della Rete: ciascuno deve essere in grado di comprenderne le potenzialità e i rischi, anche chi non fa parte della Generazione C e Y, ma ha "vissuto" e costruito l'impresa e i suoi prodotti e ne conosce pregi e difetti. Occorre quindi sviluppare concretamente un'idea di cambiamento in qualcosa di nuovo e coerente per l'azienda, sperimentando la sua introduzione tramite progetti pilota, per poi estendere progressivamente l'evangelizzazione all'intera struttura.

Da questo punto di vista "i tempi di setup" (da una metafora desunta dai sistemi produttivi), cioè i costi formativi, sono particolarmente ridotti. Superati i primi ostacoli, una volta entrati nella logica della conversazione e della collaborazione, le persone plasmano gli strumenti che il Web 2.0 offre per esprimere le proprie passioni, soddisfare i propri bisogni e inseguire i propri desideri. Spesso infatti «le difficoltà nascono non tanto dalle nuove idee, ma nel rifuggire dalle vecchie che sono ramificate in ogni angolo della nostra mente» (John Maynard Keynes).

Riporto un esempio a mio parere particolarmente calzante. Nel 2007, nell'arco di due settimane, ho convinto Daniela, mia madre, ad aprire un blog (www.dabpensiero.wordpress.com). Daniela, una donna di 50 anni, quindi non facente parte né della generazione C, né della Y, era poco avvezza all'uso del personal computer e di internet. Superati i primi ostacoli, che all'inizio le sembravano quasi insormontabili, come usare il pannello amministrativo di Wordpress (la piattaforma di blogging che utilizza), ha iniziato a capire che tramite questo nuovo strumento avrebbe finalmente avuto la possibilità di esprimere i propri pensieri e interessi: la Rete, lentamente, si rivelava come una finestra su un mondo ricco di informazioni e potenziali collaborazioni. In questi tre anni molte persone, interessate agli argomenti da lei trattati, hanno avuto la possibilità di trovare il suo blog, tramite ricerche su Google, e di contattarla tramite e-mail (pubblicata sul blog). Sono nate amicizie spinte da interessi comuni, collaborazioni di vario genere spesso supportate dall'uso di Facebook e partecipazioni a convegni offline come relatrice. La sua crescita personale va di pari passo con la crescita del suo blog, e con il progressivo aumento delle capacità di utilizzare strumenti in Rete, distinguendoli per finalità: su Scribd cerca documenti, su Slideshare presentazioni interessanti, su Flickr foto per arricchire i suoi post, e sa che tutti questi contenuti sono generati da utenti come lei. Navigando, individua anche molti blog interessanti e decide di raccoglierli nel suo aggregatore di feed RSS (Google Reader), in modo da essere informata ogniqualvolta vengono aggiornati.

La passione per la lettura relativa alle tematiche trattate ha la sua massima espressione nel social network aNobii, dove può arricchire la propria libreria su temi per lei rilevanti e pubblicare recensioni che aiutino gli altri utenti nella loro scelta. Il motore di profilazione di aNobii definisce le persone a lei affini per interessi, permettendole di scoprire libri difficilmente scovabili con percorsi tradizionali. Individuate nuove opere sulle proprie tematiche, inizia ad acquistarle online tramite Amazon, contribuendo all'estensione di quella Coda Lunga di cui si è parlato nel paragrafo precedente.

Diciamo che mia madre ha superato senza troppi problemi quei classici tempi di setup che, mantenendo la metafora, sarebbero necessari in ambito produttivo per attivare i macchinari. In pratica, la semplicità degli strumenti del web di seconda generazione ha permesso l'abbattimento del tempo necessario per imparare, consentendole velocemente la "fruizione" e "produzione" di contenuti.

Ritornando alla Rete, il Web 2.0 permette sicuramente un più facile apprendimento dell'utilizzo dei suoi strumenti, riducendo in maniera significativa il *digital divide* a livello software (che non vuol dire ridurre quello a livello hardware). Il bisogno di socialità (il terzo scalino della piramide COSMA) rappresenta lo stimolo all'uso di nuovi strumenti, mentre la medialità si esprime proprio mediante l'utilizzo di questi ultimi. Le stesse regole valgono anche in ambito aziendale: se possono fruire di strumenti capaci di rendere stimolanti, veloci e di valore le interazioni con gli altri, siano essi colleghi o clienti, le persone saranno indubbiamente più produttive. Come la mobilità e gli SMS hanno indotto all'utilizzo massivo del cellulare, così i mezzi del Web 2.0 stanno incrementando l'utilizzo del pc e di internet in fasce d'età e contesti sociali tradizionalmente meno propensi.[17]

La formazione interna assume in tal senso un ruolo fondamentale: studiare, aggiornarsi e interiorizzare i motivi del mutamento in atto tramite la conoscenza dei suoi strumenti costituiscono il giusto percorso per innovare raggiungendo i migliori risultati.

Il Software-as-a-Service[18]

Se da un punto di vista di *soft skill* è bene considerare gli impatti dei cambiamenti in atto sulle persone, relativamente alle *hard skill* non vanno trascurate le nuove tecnologie e i modelli di business relativi che si stanno affacciando sul mercato dei social media. Le tematiche che in passato erano sotto stretto dominio dell'information technology, da qualche tempo riguardano anche i *marketer*, poiché alcune

---

[17] Si vedano le percentuali di utilizzo di Facebook approssimativamente equidistribuite sulle diverse fasce d'età della popolazione italiana (Osservatorio Facebook – http://tinyurl.com/7t3bq4).

[18] Rielaborazione di un testo a cura di Cristiano Flora e Luca De Felice, pubblicato nel 2008 sul *white paper* "Software-as-a-Service e on-demand platform" di Reply.

scelte tecnologiche e di conseguenza economiche cominciano a influenzare fortemente i risultati dei dipartimenti di marketing e comunicazione. E uno dei più importanti trend degli ultimi anni in ambito IT riguarda la virtualizzazione e il *cloud computing* e i 4 relativi modelli di distribuzione:

1) *Virtualizzazione*: fa riferimento alla possibilità di astrarre l'hardware sottostante;
2) *Infrastructure-as-a-Service* (IaaS): riguarda la disponibilità di elementi hardware e potenza computazionale a servizio;
3) *Platform-as-a-Service* (PaaS): rappresenta il più alto livello nel quale si possono avere applicazioni customizzabili. A scapito di alcune limitazioni (es. scelta del linguaggio di programmazione) è possibile avere ambienti nativamente scalabili;
4) *Software-as-a-Service* (SaaS): corrisponde a un software o una piattaforma resa disponibile a servizio.

Il modello software basato su SaaS (Software-as-a-Service) permette di superare le barriere di scalabilità (*up & down*), di flessibilità e profittabilità che hanno impedito agli Application Service Provider di creare valore nell'era *dot-com*. Il SaaS permette di ridisegnare il modello di business del provider che crea un nuovo applicativo, come quello sottostante a una community, focalizzandosi in particolare sui servizi offerti. Tramite il SaaS è possibile accedere e fruire remotamente di un applicativo, in genere ospitato presso i datacenter di grandi player di mercato, come Amazon (grazie ad Amazon Web Services). I fruitori del servizio in questo caso non acquistano una licenza fissa, ma pagano in funzione dell'utilizzo effettivo della piattaforma in termini di hardware e potenza computazionale.

Figura 4.3 **Virtualizzazione e cloud computing**

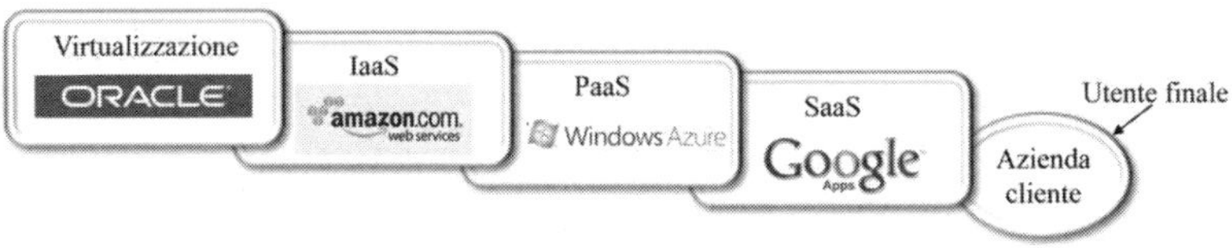

Alcune caratteristiche di questo modello risultano rilevanti anche per i responsabili dei dipartimenti di marketing che devono attivare iniziative più o meno importanti in Rete.

- *Accesso da web o da remoto*: la crescente diffusione di tecnologie Rich Internet Application (RIA) mette a disposizione interfacce con elevati livelli funzionali e di performance, fornendo all'utente finale una *user experience* simile a quella promessa dalle piattaforme *on-premises* tradizionali (cioè presenti sui server aziendali).
- *Architettura multi-tenant*: il vantaggio derivante dal paradigma SaaS per il provider del servizio consiste principalmente nel raggiungimento di economie di scala ottenute grazie alla realizzazione di una piattaforma unica su cui ospitare i dati dei fruitori tramite istanze virtuali isolate fra di loro. Tutto ciò non incide direttamente sull'usabilità o sulle caratteristiche della piattaforma per l'azienda, quanto sulla competitività e sul prezzo che il provider SaaS è in grado di offrire. Per contro, in taluni casi questa caratteristica potrebbe ridurre i livelli desiderati di configurabilità e personalizzazione della piattaforma da parte dell'azienda.
- *Riduzione dei tempi di setup e degli investimenti*: il fatto che le piattaforme SaaS siano ospitate presso i datacenter del fornitore (es. Amazon) e gestite dal provider solleva l'azienda, e specialmente il dipartimento IT, dalle necessarie attività di acquisto di hardware e software, dai costi di installazione, da quelli di setup e *fine tuning*. Inoltre le tempistiche per effettuare queste operazioni, che di solito erano dell'ordine di settimane, diventano molto ridotte: con il SaaS lanciare un nuovo servizio web o una community non è mai stato così veloce.
- *Modello di hosting esterno*: l'azienda non ha bisogno di conoscere com'è strutturata la piattaforma che acquista in modalità SaaS (a meno che non l'abbia realizzata lei stessa), ma solo le funzionalità che vengono esposte. Il provider fornisce il servizio, e quindi rende la piattaforma usabile garantendo performance e affidabilità e, al tempo stesso, massimizzando il profitto per rendere questo modello economicamente vantaggioso per entrambe le parti.

I vantaggi che questo tipo di modello porta all'azienda sono l'annullamento dei costi IT legati alla manutenzione hardware, nessuna necessità di installazione, un *time-to-market* limitato e nessun costo di aggiornamento del software: le caratteristiche ideali, insomma, per lanciare una nuova web community interna o esterna all'azienda in tempi rapidi e a costi ridotti.

5. Creatività e gestione dell'innovazione

Astraiamo il prodotto: nei nuovi mercati ad alta competitività il prodotto non potrà essere altro che Creatività.

Idris Mootee è un professionista nel campo del management dell'innovazione e opera nel punto di intersezione fra strategia, tecnologie dirompenti ed *experience design*. Attualmente è il CEO di Idea Couture Inc., una società di consulenza con competenze relative anche alla tematica Web 2.0.

Ho contattato Idris Mootee recentemente per chiedergli dove potevo trovare il suo nuovo libro, *The CEO's Innovation Playbook*, di cui parla nel suo blog "Innovation Playground":[1] mi ha risposto che generalmente regala alcune copie ai suoi amici CEO e ai suoi clienti (il libro non è in vendita) e che mi avrebbe tenuto da parte una copia alla prossima ristampa. Gli spunti che nascono dal suo libro e che passano attraverso il suo blog hanno profondamente influenzato e arricchito alcune mie convinzioni. La prima di queste è che la Rete e in particolare le sue nuove dinamiche collaborative possono mettere in contatto persone che geograficamente e antropologicamente avrebbero avuto difficoltà a conoscersi e "contaminarsi".

Nel corso del 2008 Mootee ha affrontato argomenti molto interessanti, come l'identificazione del ruolo dell'innovazione e del *product development* nel marketing:

> L'intera idea di "marketing" è stata sempre strettamente associata alla scoperta di ciò che il cliente vuole e necessita e al distribuirlo nella maniera più economica. Il "come" (cioè il prodotto, il servizio o l'esperienza stessa) è secondario e considerato fuori dal dominio del marketing.

---

[1] http://mootee.typepad.com

> Questo rientra nel campo dello sviluppo del prodotto o della distribuzione o delle *operations* ecc. All'interno di questa definizione, la funzione del marketing è di servire il cliente. Ciò è vero oggi e lo sarà sempre. Ma è abbastanza? Questo punto di vista sta cambiando e in un certo senso è superato. La nuova visione prevede che il marketing riguardi il "creare" clienti e mercati attraverso l'innovazione e la realizzazione di *concept* di prodotto o di servizio innovativi.

Mootee va avanti nella sua analisi, definendo come il Dipartimento di Marketing debba gestire l'innovazione aziendale:

> La conclusione è che "l'orientamento al cliente" non sia abbastanza e che sia necessaria l'innovazione per garantire valore al cliente. L'innovazione richiede non solo di anticipare il mercato, ma anche di gestire i tre tipi di rischio a esso associati:
>
> 1) il rischio tecnologico (funzionerà?);
> 2) il rischio relativo al cliente (lo compreranno e lo potranno usare?);
> 3) il rischio organizzativo (stiamo affrontando i problemi giusti o sappiamo in che modo potremmo aiutare gli utenti?).
>
> C'è più di questo, lo spostamento implica un'evoluzione dal pensiero a breve termine a quello a lungo termine, o dalle tattiche di marketing alle strategie di business. È qui l'aspetto interessante. Quanti dirigenti di marketing sono pronti a occuparsi di queste nuove attività?
>
> - dalla Comunicazione di Marketing al Customer Engagement;
> - dalle Campagne di Marketing all'Innovazione di Prodotto/Servizio;
> - dall'Awareness (Mass Media) all'Advocacy (Social Media).
>
> Occorre muoversi dall'Orientamento al Cliente all'Orientamento all'Innovazione. Il motivo che genera l'orientamento all'innovazione, dovuto in parte alla tecnologia e ai social network, ha il potere di creare mercati e clienti.[2]

Le parole di Mootee fanno riflettere su quale sia l'approccio di molte aziende al riguardo. Probabilmente è solo una mia convinzione,

---

[2] Traduzione di parte di un post pubblicato sul blog Innovation Playground (http://tinyurl.com/yf59ltq).

ma spesso, soprattutto in settori che dovrebbero essere d'avanguardia in ambito tecnologico, come quello delle telecomunicazioni, le aziende vedono nella funzione marketing l'organo di studio del mercato, del cliente e della sua interazione con l'azienda da un punto di vista reattivo. Le leve di marketing vengono identificate con gli strumenti tramite i quali soddisfare il cliente nel modo più economico possibile. Spesso il "cosa" (il prodotto, il servizio o l'esperienza) viene visto come secondario e l'obiettivo principale di tali attività rimane solamente quello di servire il cliente in maniera reattiva rispetto alle sue necessità. È solo questo il marketing? Soddisfare i bisogni necessari? Non credo. Ritengo invece che la visione di focus reattivo rispetto ai bisogni del cliente vada arricchita con un approccio proattivo capace di creare bisogni indotti. In mercati ormai saturi ma in piena evoluzione, i clienti non hanno esigenze ma sogni.

Uno dei primi a scoprirlo è stato il CEO di Apple. Steve Jobs, qualche tempo fa, diceva:

> Non si può chiedere ai clienti ciò che desiderano e poi provare a darglielo, perché appena l'avrai realizzato, loro vorranno qualcosa di nuovo...[3]

E in effetti l'iPhone, la "Best Innovation of the Year 2007" secondo il *Time*, nessuno l'aveva chiesto e nessuno poteva immaginarselo ma, amato o criticato, ha venduto in pochi mesi milioni di pezzi, pur non essendo originariamente Apple un produttore di cellulari.

Forse Apple, invece di basarsi su ricerche di mercato quantitative, ha fatto riferimento a focus group qualitativi su specifici target online;[4] oppure l'azienda di Cupertino ha individuato dei bisogni inespressi dai risultati delle ricerche di design strategico. La cosa certa è che l'iPhone ha attinto la sua fisionomia da una visione di marketing, non da tecnologie futuristiche: è nato dallo studio delle abitudini, dall'esame del mercato, dall'analisi dei trend. Pochi si sono resi conto che il suo touchscreen prende direttamente spunto dal-

[3] Citazione originale: «You can't just ask customers what they want and then try to give that to them. By the time you get it built, they'll want something new...».
[4] A tal riguardo è molto interessante leggere il documento di David Armano "The Collective Is the Focus Group" (http://tinyurl.com/7ypd2o).

lo schermo dei navigatori satellitari.[5] La tecnologia *finger touch* esiste infatti da tempo, ma Apple ha probabilmente atteso che questa si diffondesse con i GPS e ne ha analizzato la reazione del mercato. Su questo ha basato il proprio prodotto, indorandolo poi con funzionalità stupefacenti (sensori integrati e *multi-touch*) e rendendolo intuitivo e semplice da utilizzare. E in poco tempo la rincorsa al mito del *finger touch* ha iniziato a sconvolgere il mercato di molti produttori di terminali.

La proattività innovativa nei confronti del cliente, di cui parla Idris Mootee e di cui il caso Apple è uno dei principali esempi, sembra che manchi totalmente in molte aziende, soprattutto italiane: esistono dei gruppi d'innovazione, ma spesso sono slegati da chi poi crea l'offerta di prodotto/servizio per i clienti; inoltre le nuove tecnologie vengono lanciate sul mercato solamente quando si è sicuri che gli utenti conoscano il nome delle stesse, anche dopo parecchi mesi dalla loro effettiva disponibilità. Ecco, è qui che sta uno dei punti dolenti: spesso non ci si preoccupa di ottimizzare tramite azioni di *development marketing* di servizio/concettuale/creativo la *user experience* senza che il cliente debba forzatamente conoscere la tecnologia che ne sta alla base (punto 2 dei tre elencati sopra da Mootee). E non si accompagna tramite i social media l'utente nel processo conoscitivo del prodotto (punto 3).

Apple punta sull'*experience design*, Google si basa sulla semplicità d'utilizzo, insomma il gioco ormai sta nel rendere affascinante l'interazione dell'utente con il prodotto e non con la tecnologia che supporta l'innovazione (per intenderci, in ambito *mobile* il cliente non deve neanche sapere cos'è il DVB-H e come funziona, o il fatto che questa tecnologia è alla base di una certa tipologia di *mobile* tv). La tecnologia va quindi vista come mezzo e non come fine; design, *user interface* e *user experience* devono invece rappresentare sempre di più gli strumenti di base di un buon marketing manager.

---

[5] In questo Apple è come se avesse applicato la metodologia TRIZ (acronimo russo che in italiano è tradotto con "teoria per la soluzione dei problemi inventivi"), secondo cui l'applicazione di una *best practice* in settori differenti da quello originario spesso ottiene ottimi risultati (la trasversalità di alcune idee ha fatto il successo di molte persone).

Non si dimentichi un secondo fattore rilevante: nei casi citati, talmente è elevata l'innovatività, la praticità, la piacevolezza nell'utilizzo dell'output prodotto, che le relative aziende hanno una minore necessità di praticare direttamente il marketing conversazionale: sono i clienti che, spontaneamente, trasmettono la passione del prodotto e del brand in qualsiasi area di conversazione online. In alcuni casi il valore di ciò che viene realizzato riesce a trasmettere messaggi senza la necessità per l'azienda di costruire relazioni e conversazioni. Molto è dovuto anche alla capacità di creare storie e miti attorno al brand o allo specifico prodotto, come sa fare lo stesso Steve Jobs.[6]

Ad ogni modo, è sicuramente difficile comprenderne le alchimie intrinseche, ma il fatto che il prodotto sia l'elemento scatenante l'engagement del cliente è la cosa più naturale e al contempo più difficile da realizzare. Il paradosso sta proprio nel fatto che «il prodotto migliore è quello che non ha bisogno di marketing».[7] Lo stesso presupposto può valere anche in altri settori a minor impatto tecnologico, ma dove l'innovazione di prodotto è fondamentale per sopravvivere sul mercato e dove in ogni caso può avere un importante ruolo il marketing conversazionale (si veda il caso di Mulino Bianco descritto nel capitolo 7).

Per superare gli approcci classici è necessario operare secondo due direttrici:

- formare una nuova classe di manager, capace d'interpretare correttamente i nuovi trend e non seguirli passivamente, ma guidarli coinvolgendo in maniera adeguata gli utenti (Mootee: «Social technology and social networks now have the power to create markets and customers»);

---

[6] Si pensi solo alla capacità da parte di Apple, da un lato, di sfruttare i bassi costi dello *storage* dati (a tal proposito non si dimentichi la legge di Moore citata nel paragrafo sul trade-off nel capitolo 1) e, dall'altro, di diffondere il mito del "portare con sé la musica di una vita in tasca" grazie all'iPod.

[7] In tal senso risulta fondamentale la progettazione della natura virale del brand, capace di entusiasmare le persone e stimolare spontaneamente il passaparola (Cova, Giordano e Pallera, 2008).

- rivedere alcune politiche organizzative, costituendo team d'innovazione che non siano percepiti come centri di costo, ma come aree d'investimento e di crescita correttamente innestate all'interno della Direzione Marketing e in grado d'interagire con il resto dell'azienda (Mootee: «We need to move from "Customer Orientation" to "Innovation Orientation"»).

Molte aziende devono modificare al più presto la propria strategia, adeguandosi al contesto. In questo necessario cambiamento, lo studio, lo sviluppo e la realizzazione di nuovi *use case* devono essere gli obiettivi primari. L'innovazione, le tecnologie emergenti e gli strumenti offerti dai social media devono incarnare i mezzi per raggiungerlo. L'evoluzione dei tradizionali direttori marketing in Chief Marketing Officer (di cui si parlerà più avanti) e l'integrazione di alcuni aspetti del *product development* nel marketing strategico devono rappresentare l'azione abilitante per realizzare tutto ciò.[8]

Le persone

Mettere al centro del processo di creazione di valore le persone: questo è l'insegnamento fornitoci dai nuovi fenomeni della Rete da cui bisogna prendere spunto. Persone non soltanto capaci di analizzare e interagire con il mondo circostante, studiando e comprendendo fenomeni come il Web 2.0, ma che esprimano anche un reale interesse per la loro attività (che poi si concretizza nel raggiungimento della soddisfazione del cliente).

In tal senso l'ispirazione potrà manifestarsi soltanto se si verificano due condizioni fondamentali:

- avere una certa conoscenza del contesto in cui si opera in termini di hub d'innovazione, leader ed *evangelist*, esperti, competitor, trend emergenti, conversazioni rilevanti ecc. (l'obiettivo è riuscire a individuare il maggior numero di informazioni di qualità);

[8] Alcune considerazioni sono tratte da De Felice (2008).

- contraddistinguersi per un adeguato livello di passione nel proprio operato; ciò permette di connettere le diverse informazioni raccolte per definire concetti e quindi esprimere creatività. Questo approccio è necessario nel passaggio, descritto da Daniel H. Pink (2005), dall'era dell'informazione (Information Age) a quella concettuale (Conceptual Age), in cui risulta più vantaggioso saper individuare relazioni tra informazioni anziché trattarle in maniera semplice.

La partecipazione, il coinvolgimento, la passione verso quello che si fa e l'ambizione per il raggiungimento di un determinato obiettivo sono le componenti essenziali perché l'ispirazione abbia luogo. Se questi fattori sono effettivamente presenti, prima o poi la "folgore ispiratrice", in misura più o meno maggiore, si farà viva. I progetti nascono dalle idee, le idee nascono dai sogni. Ma se le idee sono intimamente legate ai sogni, i progetti hanno una probabilità molto elevata di manifestarsi, perché rispondono a un preciso bisogno e divengono parte di noi.

A tal proposito Idris Mootee indica una serie di fattori che portano un *mid-level* manager di per sé creativo a sfogare questa sua indole (*fig. 5.1*) e analizza il ruolo del middle management nel processo d'innovazione:

> L'innovazione ha un importante ruolo da giocare internamente alla Divisione Risorse umane e nel rendere il lavoro delle persone più interessante e stimolante. Ciò è strettamente connesso alla teoria di management giapponese che penso sia chiamata Kaizo [Kaizen], per mezzo della quale gli impiegati vengono costantemente incoraggiati a migliorare ciò che fanno per innovare.[9]

Mootee postula una forte relazione tra l'innovazione e il ruolo dell'HR (Risorse umane) nella scelta delle persone più adatte a gestirla e interpretarla, cioè coloro che mostrano passione per la propria attività.

---

[9] Traduzione di un post pubblicato sul blog "Innovation Playground" (http://tinyurl.com/yb7emor) con la *figura 5.1*.

Figura 5.1 **Cosa rende creative le persone creative**

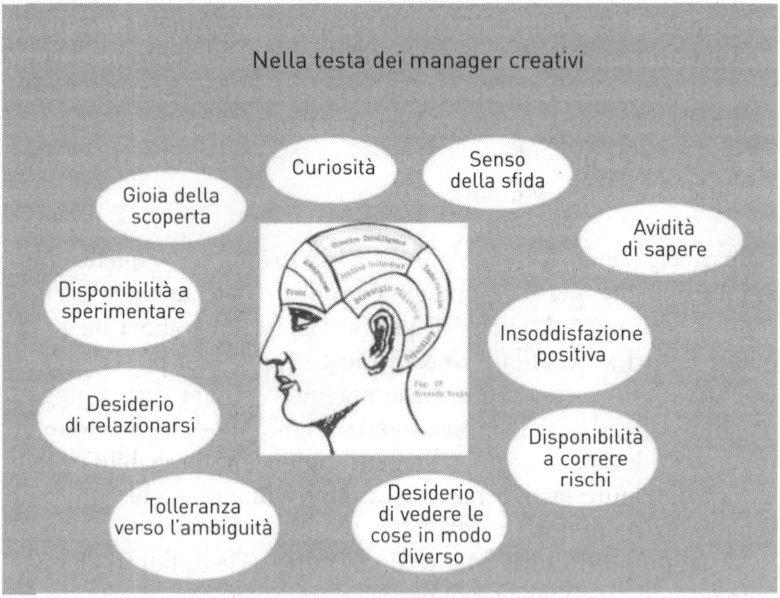

Fonte: http://tinyurl.com/yb7emor

Pratiche organizzative come la teoria Kaizen aiutano ad alimentare nel tempo quest'innovazione. Sebbene il "Kaizen esteso" (descritto nel capitolo 4), permetta di far evolvere questa visione, la realizzazione di un approccio che coinvolga il mercato passa prima forzatamente da una crescita interna dell'azienda e delle sue persone. La creatività, in tal senso, non deve rappresentare solo una caratteristica più spiccata in alcuni soggetti, ma anche la capacità delle persone di trovare soluzioni a piccoli problemi. E la Rete è piena di soluzioni se si è in grado di trovarle.

Riporto un piccolo esempio che trae spunto dalla vita lavorativa di tutti i giorni. Quando si deve redigere un'analisi su una nuova tematica, si sente la necessità di cercare documenti interessanti da cui reperire informazioni utili o attraverso i quali farsi una cultura. In genere si acquistano ricerche di mercato, si partecipa a convegni o più semplicemente si compiono ricerche in Google; in realtà esistono molti metodi, sconosciuti ai più, per riuscire a trovare online velocemente e gratuitamente documenti o presentazioni spesso molto validi (la lista che segue viene riportata solo a titolo esemplificativo e non esaustivo):

- un metodo è costituito dalla classica e banale ricerca tramite Google, inserendo però di fianco alla parola chiave dell'argomento un'estensione (doc, pdf, ppt); ad esempio, per cercare documenti pdf inerenti all'innovazione si può scrivere "innovazione.pdf" oppure "innovazione filetype:pdf", metodologia che fornisce un risultato di ricerca migliore del precedente;
- è possibile reperire delle slide sugli argomenti più vari tramite il social network Slideshare, già citato (si veda il capitolo 4). Alcune presentazioni sono persino scaricabili, altre possono essere visualizzate solo su web;
- i documenti scaricabili a scelta direttamente in formato pdf o doc, anche qui sugli argomenti più disparati, si possono trovare su Scribd o DocStoc, siti che offrono molti report, *draft*, *white paper*, ma anche tesi, o libri veri e propri (magari mai pubblicati);
- altri libri e ricerche, pubblicati tramite la formula del self-publishing (di cui si parlerà nell'intervista a Hoepli nel capitolo 7), sono reperibili su Lulu.com e Ilmiolibro.it;
- la possibilità di acquistare porzioni o singoli capitoli di un libro diventerà possibile già nel corso del 2010 tramite la diffusione degli e-book[10] e delle relative modalità di vendita su internet (si veda a tal proposito l'intervista a Hoepli nel capitolo 7);
- un metodo alternativo ai precedenti, con risultati più scarsi, è cercare i documenti d'interesse tramite un software peer-to-peer, come eMule;
- infine, come si vedrà nel capitolo 6, è possibile trovare link che indirizzano verso documenti potenzialmente interessanti e sicuramente più recenti tramite ricerche su Twitter e FriendFeed.

---

[10] Durante le festività natalizie del 2009, Amazon.com ha venduto più e-book che libri tradizionali.

Il giusto mix di inventiva e acume unito agli strumenti di nuova generazione che offre la Rete consente di risolvere problematiche con più facilità e apportare valore alle attività quotidiane. A tal proposito induce a riflettere il suggerimento di Gianluca Diegoli (2008) di scegliere come collaboratori «persone che sanno come trovare le informazioni, non quelle che conoscono le informazioni». Come afferma Mootee, anche la Divisione Risorse umane e quindi l'attività di *recruitment* deve essere adeguatamente coinvolta nel processo di rinnovamento: la ricerca non deve orientarsi soltanto verso i cosiddetti talenti (supportati spesso da un ricco *curriculum studiorum*), ma anche verso coloro che esprimono passione, arguzia e curiosità in Rete.

In questo specifico ambito, però, le aziende non sono rimaste inerti: internet sta effettivamente influenzando le loro prassi d'interazione con i candidati che si offrono per coprire nuove posizioni professionali. Negli ultimi due anni (2007-2009), la Rete ha fatto in modo che il *curriculum vitae* si estendesse oltre la sua natura intrinseca e diventasse anch'esso un format digitale dai confini poco definiti. Qualche mese fa i responsabili delle aree Risorse umane si basavano solamente su ricerche su Google per individuare informazioni aggiuntive oltre al semplice CV inviato dalla persona. Oggi, molti *head hunter* analizzano le attività dei candidati sui diversi social network o vanno direttamente alla ricerca del loro blog. Nelle fasi di assunzione, infatti, l'analisi di queste piattaforme negli USA è stata utilizzata dal 22% dei dipendenti nel 2008 e dal 45% nel 2009 (il 29% di questi su Facebook, il 26% su LinkedIn, il 21% su MySpace, il 7% su Twitter e l'11% su blog). Nel 2009 il 35% di loro ha individuato su internet una motivazione per non assumere una persona, il 18% ne ha trovato una valida per assumerla.[11]

Il blog sta quindi diventando uno strumento individuale di riferimento che permette di farsi conoscere, indipendentemente dagli argomenti che tratta. A fianco del classico CV, i blog costituiscono un naturale collettore spesso volto alla costruzione di una sorta di *personal brand*, alimentato dalla creatività e dalla passione di chi lo gestisce. In quest'ottica, molto probabilmente, chi sa fare marketing di se

---

[11] Fonte: Career Builder Service, 2009 (http://tinyurl.com/yegkjp7).

Figura 5.2 **Differenza tra marketing, PR, advertising e brading**

Fonte: immagine trovata in Rete (autore sconosciuto)

stesso può farlo anche per l'azienda per cui lavora (anche in forma indiretta). Inoltre chi ha il controllo di ciò che il web dice di lui può aiutare l'azienda ad averlo in relazione alle sue conversazioni in Rete.

In parallelo ai blog anche i social network possono aiutare, da un lato, la costruzione di un *personal brand*, dall'altro, l'individuazione di persone creative. LinkedIn ad esempio, il più autorevole business social network, rappresenta un veicolo intermedio tra l'esposizione del CV e una sorta di blog personale (abbastanza statico). Esistono diversi modi per individuare persone di valore con LinkedIn, oltre a leggerne il profilo. Non è detto che sia indispensabile cercare tramite gli strumenti canonici forniti dal servizio e contattare gli utenti d'interesse: può avvenire che siano le persone stesse ad arrivare a noi.

Nel 2007, ad esempio, ho creato un gruppo su LinkedIn (KID), con la seguente *mission*: "Killer Idea Developers (KID) è un gruppo di Hi-Tech Evangelist, Concept Brainstormer, Marketing Strategist ed Esperti ICT, il cui obiettivo è individuare nuove soluzioni di business e killer idea nel settore Telco&Media".[12] Per entrare nel gruppo, basta inoltrare la richiesta dalla relativa pagina. In circa 6 mesi il gruppo ha superato i 400 iscritti e, più si va avanti, più cresce a ritmi esponenziali. Alla soglia dei 200 contatti ho deciso di aprire un wiki avente come tematica l'innovazione nelle telecomunicazioni. In 9 mesi ho raggiunto le 1.000 persone[13] (400 iscritti in 6 mesi, 600 nei successivi 3 mesi). La crescita è stata esponenziale, e ciò è facilmente comprensibile visto che ogni nuovo iscritto mostra il mio logo tra quelli dei gruppi di cui fa parte. Nel complesso è comunque impressionante la velocità con cui il gruppo si è diffuso: probabilmente l'*abstract* ha interessato molte persone che per diversi motivi volevano mantenersi in contatto con professionisti aventi i medesimi interessi.

A valle di quest'esperienza, che non ha richiesto particolari sforzi da parte mia (se non definire una *mission* e in seguito aprire un wi-

---

[12] http://www.linkedin.com/e/gis/26208/610BB8693487

[13] Attualmente il gruppo conta circa 800 iscritti. La riduzione del loro numero è dovuta a una politica di ridimensionamento di LinkedIn, per cui non si può far parte di più di 50 gruppi contemporaneamente.

ki), ho raccolto una *mailing list* di circa 1.000 contatti (a loro volta nodi rispetto ad altre persone) con una popolazione avente interessi professionali molto simili ai miei: potenzialmente la mia ricerca di eventuali collaboratori potrebbe limitarsi all'invio di una e-mail.

Chief Marketing Officer e reti d'innovazione

Il libro *Marketing Reloaded* (Boaretto, Noci e Pini, 2007) riporta alcune considerazioni molto interessanti:

> In un recente intervento, Tom Peters, uno dei più longevi guru del management a livello internazionale, suggeriva alle aziende presenti all'incontro di inserire nell'organigramma la figura del Chief Experience Officer (CXO), per poter presidiare al meglio la richiesta di esperienze coinvolgenti proveniente dal mercato. [...] La creazione di ruoli organizzativi in aggiunta alla struttura tradizionale dell'azienda non si può considerare un'opzione sostenibile di fronte a cambiamenti radicali nell'ambiente esterno. Inserire "personaggi strani" nel contesto del business ha come risultato quasi certo la marginalizzazione delle figure più laterali rispetto al pensiero organizzativo corrente. Per gli scettici, si rimanda alla falcidia subita dai cosiddetti team per la gestione del CRM: si tratta perlopiù di nuove unità organizzative composte da menti brillanti o da giovani di talento, ma che si scontrano con la convinzione, diffusa all'interno delle aziende, di essere dei corpi estranei, dei lussi voluti dall'amministratore delegato e, a dirla tutta, dei "mangia pane a tradimento dei poveri lavoratori che devono tirare la carretta". [...] Il problema centrale di un'impresa che adotti la prospettiva di marketing reloaded è quello di sviluppare un'offerta di esperienze in grado di rispondere alle esigenze specifiche dei clienti attuali e potenziali: la soluzione di questo problema richiede il coinvolgimento di tutta l'azienda e, in una certa misura, il ridisegno di molte sue parti piuttosto che soluzioni sbrigative come quella del CXO.

Per creare un team d'innovazione all'interno di un'azienda è necessario che questo sia correttamente incorporato in altre funzioni aziendali, che vanno dal marketing strategico al team di R&S, a seconda delle finalità e dei task che lo stesso team deve portare a termine. L'interfacciamento con il marketing è essenziale anche per evitare l'effetto contrario, ovvero l'eccessiva innovatività rispetto a un mercato e un'audience che ha i suoi tempi di evoluzione. In quest'ottica, la figura di un Chief Marketing Officer (CMO) al quale riportino singoli product manager, valutati sulla capacità d'innovazione e di creazione di nuove soluzioni strategiche, oltre che d'interpretazione del mercato, è la soluzione capace di garantire i migliori risultati.[14] Lo confermano le parole riportate nel libro *Open Marketing* (sempre a cura di Boaretto, Noci e Pini, 2009), in cui si evidenzia come sia necessario che il CMO «assuma un ruolo strategico all'interno dei meccanismi decisionali aziendali», che «faccia parte a tutti gli effetti del *board* decisionale dell'impresa» e che «gli venga conferito potere tanto formale quanto sostanziale».

Un altro spunto interessante lo fornisce Forrester Research proponendo uno studio[15] in cui si descrivono i possibili approcci delle aziende, in particolare rispetto ai social media:

- *distributed* (distribuito), in cui ogni *business unit* aziendale o team di lavoro può creare un proprio intervento rispetto allo specifico social media senza che vi sia alcun tipo di centralizzazione;
- *centralized* (centralizzato), in cui un solo team, o estremizzando una singola persona, presidia i social media;
- *cross-functional team* (trasversale), in cui si organizza un team interfunzionale, costituito da rappresentanti dei diversi dipartimenti, che fa da snodo tra il management e i diversi attori coinvolti e si occupa della strategia relativa ai social media.

L'approccio che emerge dalla ricerca e che Forrester consiglia è quello trasversale, in cui il team predisposto raggruppa risorse specializzate a supporto delle diverse *business unit*. In realtà, perché non si ricada nel caso del CXO o nell'approccio centralizzato sono necessarie alcune condizioni.

---

[14] Rielaborazione di un post del blog di Luca De Felice (http://tinyurl.com/yeykkwz), pubblicato anche su Wikipedia.

[15] Forrester Research, "Global Social Media Planning Online Survey", Q4 2008.

Figura 5.3 **Social media marketing**

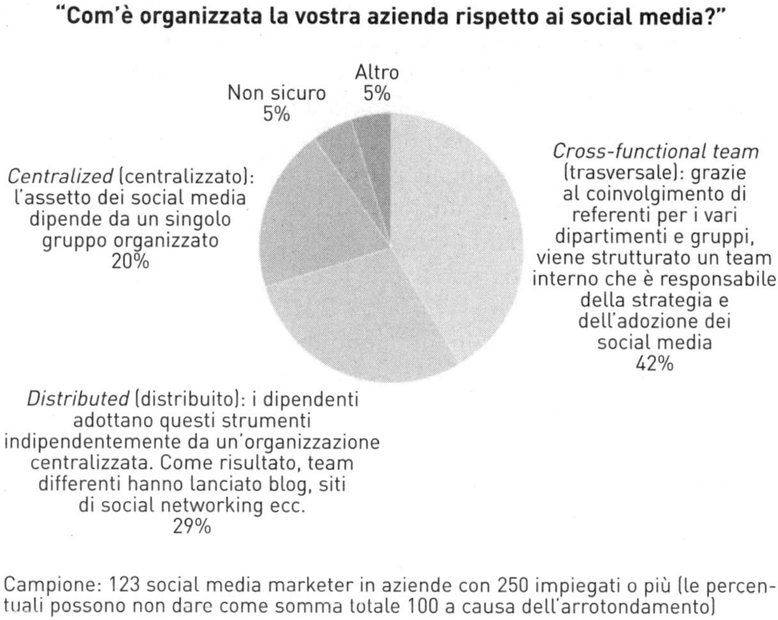

Fonte: Forrester Research, 2008

- Il *cross-functional team*, che può essere semplicemente una rete di persone, deve rappresentare il propulsore/collettore e il punto di *tracking* di tutti i contatti e le iniziative intraprese in Rete (come sostiene Gavin Heaton, «la chiave del successo è l'allineamento»),[16] senza tuttavia limitarle o inibirle. Nell'accezione di team deve comunque fare riferimento al CMO o interagirvi a stretto contatto poiché entrambi, seppure in maniera diversa, gestiscono una relazione con il mercato. La costituzione di un team interfunzionale

---

[16] Traduzione di una frase presente nel contributo di Gavin Heaton all'interno dell'e-book "Marketing in 2010. Social media becomes operational", a cura di Valeria Maltoni (http://tinyurl.com/y8vp2gn).

«risponde alla necessità di superare la logica dei cosiddetti silos organizzativi e di progettare non più prodotti o servizi ma esperienze integrate e multicanale: queste richiedono infatti che si rendano disponibili in modo sinergico all'interno dell'azienda competenze specifiche in termini di tecnologia, design multimediale, editoria e marketing» (Boaretto, Noci e Pini, 2009).

- La struttura centralizzata non è più sostenibile. Il concetto che un unico team o una singola persona possa gestire efficacemente le diverse sfaccettature funzionali dei social media e, come afferma Olivier Blanchard, «l'idea che i professionisti dei Social Media si possano adattare a tutte le necessità [...] inizierà a sparire nei prossimi 12 mesi [si legga: 2010]».[17]
- Come già detto più volte in questo testo, i punti di contatto tra l'azienda e gli utenti possono essere variegati e afferire a diversi dipartimenti. Sui social media sono le persone, e non i brand, a esprimere passione e a coinvolgere l'utente, costruendo quotidianamente la reputazione dell'azienda. Tali persone, nel rispetto di regole condivise a priori, devono essere libere di interagire con la Rete. Di conseguenza, «ogni dipendente dell'azienda diviene *part-time marketer* in quanto chiamato a svolgere, almeno parzialmente, funzioni di marketing oltre alle sue mansioni canoniche» (Boaretto, Noci e Pini, 2009).

L'obiettivo dovrebbe consistere nel costruire un gruppo di persone con competenze, esperienze ed estrazioni tra loro molto diverse.[18] Tali persone, oltre a essere innovatori, devono agire da *evangelist* della cultura Web 2.0 e diffondere valori condivisi all'interno e all'esterno dell'azienda, costituendo una rete di nodi (a meno che, appunto, non formino un unico team che riporta al CMO) che rappresenti il punto di contatto delle diverse iniziative. In un periodo in cui l'IT

[17] Fonte: Olivier Blanchard, contributo all'interno dell'e-book "Marketing in 2010. Social media becomes operational" a cura di Valeria Maltoni (http://tinyurl.com/y8vp2gn).
[18] Fonte: "Caratteristiche di un Innovation Lab", *Master24-Marketing & Comunicazione*, n. 7, Il Sole 24 Ore, Milano, 2008, p. 109.

parla sempre di più il linguaggio della comunicazione e la produzione quello del marketing, è importante che gli attori coinvolti assumano un approccio interdisciplinare e siano correttamente allineati sulle iniziative in corso. Il loro obiettivo consiste nel promuovere un approccio di "Kaizen esteso", presidiando tutti i punti di contatto con il cliente (marketing, PR, prodotto, servizio, sviluppo, supporto ecc.) e prodigandosi per una riduzione di quei tempi di setup (di cui si è parlato nel precedente capitolo) che consentano di raggiungere "economie di apprendimento".

6. Le Conversazioni e il Real-Time Web

Ascolto, dialogo e cognizione: le Conversazioni in tempo reale diventeranno l'anima del commercio.

Nel 1999 quattro esperti di comunicazione (Rick Levine, Christopher Locke, Doc Searis e David Weinberger) scrissero "Cluetrain Manifesto", pubblicato prima solo online e in seguito in forma cartacea (2001) integrando i contributi provenienti dalla Rete. Cluetrain Manifesto è un vero e proprio manifesto che raccoglie 95 tesi sul marketing e la comunicazione aziendale e come queste siano state influenzate da internet. È stato una sorta di precursore delle moderne teorie legate all'Enterprise 2.0. Le aziende stabiliscono con i consumatori nuove modalità d'interazione e comunicazione tentando di rispondere agli utenti e ai loro nuovi bisogni, che si sono provati a delineare nel capitolo 3. Lo scenario che Cluetrain Manifesto delinea è contraddistinto da una riforma del linguaggio con cui le aziende comunicano nell'era di internet. Tramite la Rete le persone possono stabilire una conversazione diretta con l'azienda, possono proporre, criticare, partecipare, modificando radicalmente le tradizionali modalità di business.

In questo processo di cambiamento gli individui scoprono molto velocemente (si ricordino i ridotti tempi di setup) nuovi metodi con cui scambiare informazioni preziose. E nell'azienda, anche se il middle management tende a sottovalutarlo, i dipendenti sono i nodi attivi di una vasta rete conversazionale.

Cluetrain Manifesto, pertanto, decreta la fine del business tradizionale e apre le porte a un nuovo tipo di relazione con il consumatore, quella che passa attraverso la Rete e che nel 2004 è stata riconosciuta come Web 2.0. Il filo conduttore, che permea le teorie elaborate nel 1999 e i nuovi approcci del web, è l'importanza delle conversazioni e la progressiva nascita del marketing conversazionale. Che siano più o meno veloci, interattive e di effettivo valore, le conversazioni hanno acquisito una rilevanza progressivamente maggiore dalle prime teorizzazioni di Cluetrain Manifesto ai risultati di diversi studi più recenti: una ricerca del luglio 2009 di Wetpaint e Altimeter Group nota un'interessante correlazione tra i brand con più engagement sui social media e i loro ricavi, aumentati in media del 18%;[1] secondo uno studio di Razorfish del novembre 2009, il 64% dei consumatori connessi hanno compiuto il loro primo acquisto legato a un brand come conseguenza di un'esperienza digitale avuta in Rete (il 40,1% è diventato "amico" di un brand su Facebook o MySpace).[2]

Indipendentemente dalla creazione o meno di piattaforme proprietarie e *ad hoc*, le conversazioni relative alle aziende circolano su una serie di piattaforme e servizi presenti sul web. Alcune tra quelle più importanti e più note che hanno riscontrato il maggior successo nel 2009 sono rappresentate nel "prisma conversazionale" della *figura 6.1*. La pubblicazione di questa mappa non ha il pretesto di tracciare tutti gli ambienti in cui si svolgono le conversazioni sui brand, ma consente di farsi un'idea della molteplicità di strumenti con cui le persone possono parlare di un'azienda in Rete.

Si tratta perlopiù di una serie di social network suddivisi per finalità d'utilizzo o metodologia di condivisione, ma accomunati dalla circolazione di informazioni libere da qualsiasi controllo aziendale. In questi ambienti sociali le persone conversano, condividono esperienze e pongono domande. Ciascuno di questi servizi ha storia, funzionalità, declinazioni e finalità proprie: diventa quindi difficile per un'organizzazione potersi concentrare su tutti i diversi bacini d'utenza. L'intensità conversazionale presente in Rete è relazionata con quella costruita all'interno di siti e piattaforme proprietarie in maniera inversamente proporzionale; in altre parole, più i clienti hanno spazi adeguati costruiti dall'azienda in cui parlare dei propri

[1] Fonte: *BusinessWeek* (http://tinyurl.com/l9wqjo) e Altimeter Group (http://tinyurl.com/mtqn5g).

[2] Fonte: www.emarketer.com (http://tinyurl.com/yghsekc). Percentuale di rispondenti basata su 1.000 utenti di internet dai 18 anni in su.

Figura 6.1 **Prisma conversazionale**

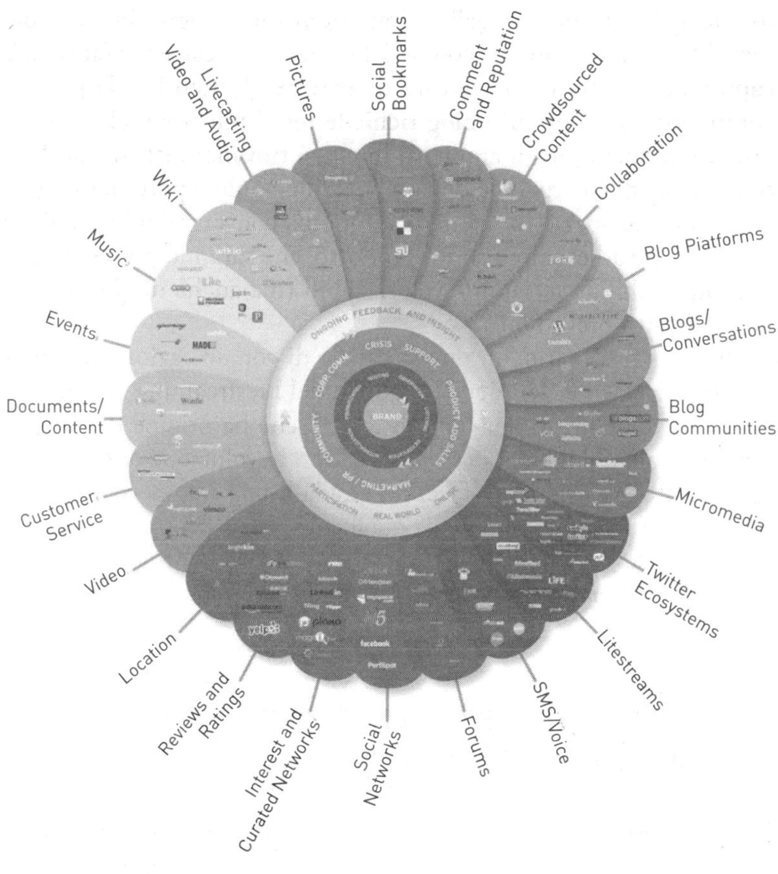

Fonte: Brian Solis & JESS3 (www.theconversationprism.com)

prodotti e minore sarà la dispersione delle conversazioni nel prisma conversazionale. Come sostiene Gianluca Diegoli (2008): «rinunciare a incentivare la conversazione sul proprio sito significa spingerla a chiedere asilo in territori in cui non avete accesso o influenza».

Risulta pertanto indispensabile individuare i maggiori hub d'interesse, studiarne la genesi delle conversazioni e attirare gli utenti nella propria community, più facile da gestire e da controllare. Gli strumenti a disposizione costituiscono una serie di canali comunicativi attraverso i quali attirare utenti in "luoghi" in cui è più semplice creare valore a seconda delle specifiche esigenze (si veda il capitolo 3). È ovvio che cercare di attrarre gli utenti sulla propria community o sul proprio blog richiede molti più sforzi che interagire direttamente negli ambienti in cui si trovano; tuttavia, un lento processo di costruzione della reputazione online potrà far migrare sul proprio spazio in maniera autonoma conversazioni specifiche e focalizzate ad esempio su un prodotto, che saranno più facilmente monitorabili, tracciabili e valorizzabili (ma anche in questo caso non del tutto prevedibili).

In questo scenario, un nuovo canale di comunicazione di particolare interesse per le aziende è quello del lifestreaming (fenomeno già in parte descritto nei capitoli 2 e 3), che ha origine dagli strumenti di microblogging, *in primis* Twitter. L'evoluzione di questi canali sta progressivamente facendo strada a una nuova versione del web, per certi versi differente da quella dei blog e dei tradizionali social network, ma che sarebbe ancora azzardato contraddistinguere come web di terza generazione: il Real-Time Web.

Microblogging e social networking: Twitter, Facebook e FriendFeed

Sono tre i principali player dei nuovi scenari delineati nel paragrafo precedente: Twitter, Facebook e FriendFeed. Confrontando tramite Google Trends i dati di crescita (accessi al sito) dell'ultimo anno in Italia dei tre servizi, emergono i trend riportati nella *figura 6.2*. I dati di Nielsen[3] resi noti nel dicembre 2009 comprovano un trend di crescita annuale in Italia dell'812% per Twitter, del 55% per Facebook e del 213% per FriendFeed.

Twitter è un servizio di microblogging che permette ai suoi utenti

[3] Fonte: Audiweb powered by Nielsen, accessi da casa e ufficio, dicembre 2009.

Figura 6.2 **Trend di crescita nel 2009 in Italia**

Twitter

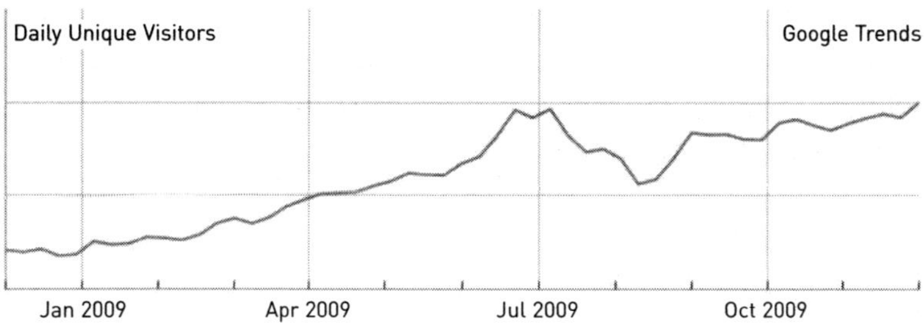

Facebook

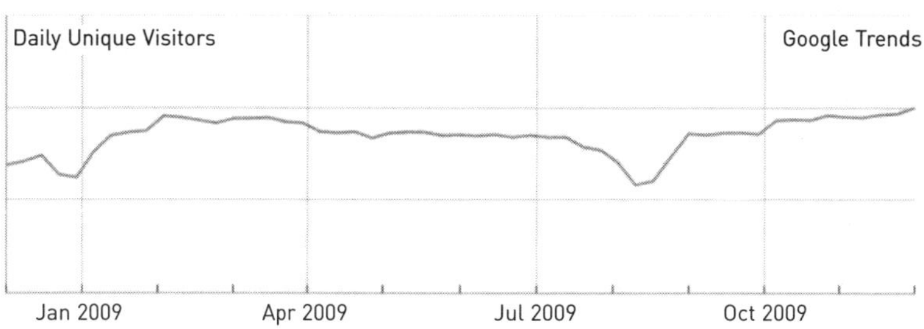

FriendFeed

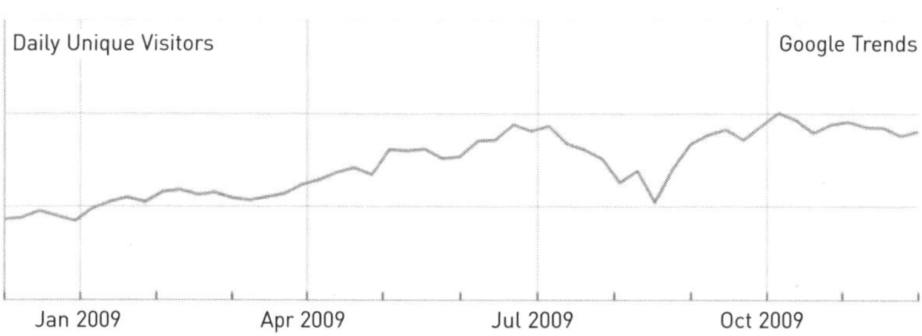

Fonte: Audiweb 2009

di diffondere brevi messaggi di testo (status update della lunghezza massima di 140 caratteri). Gli aggiornamenti possono essere effettuati tramite il sito stesso, via SMS, e-mail, programmi di messaggistica istantanea, oppure attraverso una delle molteplici applicazioni esterne che si interfacciano con le API di Twitter. Gli status update sono mostrati istantaneamente sulla pagina del profilo personale dell'utente e diffusi agli utenti *follower* che si sono registrati per visualizzarli. Tali messaggi possono essere resi privati, come disponibili a chiunque.

Il servizio è diventato molto popolare negli USA grazie alla semplicità e alla praticità di utilizzo. Anche in Italia Twitter è stato più volte usato dagli utenti per segnalare notizie inedite: ad esempio, nel caso del terremoto in Abruzzo nell'aprile del 2009 alcuni utenti di Twitter hanno diffuso la notizia prima dei media tradizionali.

Da un lato, l'insieme degli status update pubblicati attraverso Twitter costituisce un complesso di informazioni in continua crescita, probabilmente di gran valore per alcune aziende; dall'altro, le stesse aziende possono utilizzare Twitter per diffondere i propri messaggi, interagire con il mercato e promuovere la propria identità digitale. Proprio quest'ultima finalità, alla base delle teorizza-

Figura 6.3 **Come viene utilizzato Twitter**

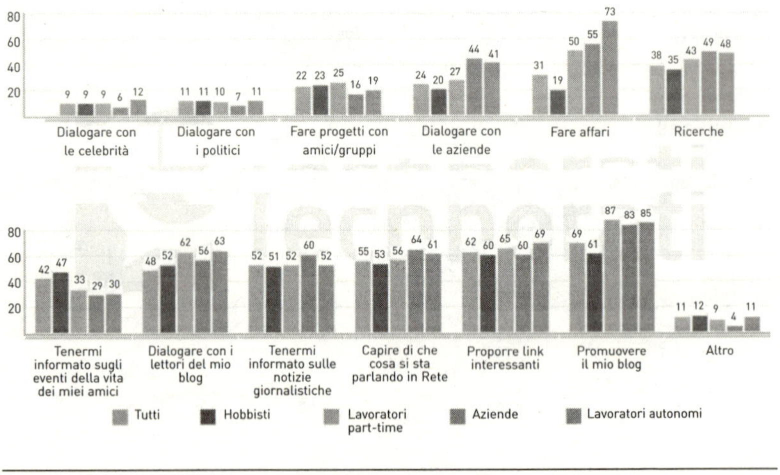

Fonte: Technorati, "State of the Blogosphere 2009"

zioni presenti in questo libro, è confermata dall'annuale studio di Technorati sulla blogosfera: la maggior parte degli utenti, soprattutto in ambito business, utilizza Twitter per promuovere il proprio blog. Se il blog o il social network aziendale si elevano quindi a "fucine" di prodotti e brand, Twitter diventa il canale per promuoverli (un esempio concreto è fornito dal caso "Nel Mulino che Vorrei" descritto nel capitolo 7). In realtà le potenzialità offerte da questo strumento sono variegate e vanno oltre la semplice promozione (servizio clienti, PR, informazioni, business management, incremento del traffico web ecc.). In Italia, l'approdo al mondo business di queste soluzioni deve ancora passare inesorabilmente per un utilizzo massivo in ambito consumer (anche se il trend positivo in *figura 6.2* è confortante), per via di quel processo inteso come consumerizzazione e descritto nel capitolo 2.

Negli Stati Uniti, invece, da circa due anni Twitter è ormai diventato un *mainstream*: ce ne si rende conto in particolare analizzando vari blog d'oltreoceano, riscontrando il livello di utilizzo tra vip e politici e trovando l'indicazione del nome del contatto di Twitter sui biglietti da visita di vari manager americani. Negli USA il mondo business è quindi già parzialmente coinvolto, almeno per quanto riguarda l'interazione con il cliente. Grazie a Twitter, il microblogging sta diventando un nuovo canale di comunicazione personale, come può esserlo l'e-mail. Incarna in sé però anche le nuove esigenze comunicative tipiche dello *human broadcasting* e le velleità del *personal branding*. Twitter crede in questa visione tanto da valutare tra i suoi potenziali modelli di business (per il momento il servizio sopravvive prevalentemente grazie ai finanziamenti di grandi *venture capitalist*) la certificazione dell'identità dell'utente per evitarne l'usurpazione da parte di terzi; il progetto è partito come soluzione ai furti d'identità di personaggi pubblici americani, ma non è in dubbio il fatto che questa possibilità possa essere estesa a tutta l'utenza in modalità premium. Insomma, il processo ricorda per certi versi quello in atto in questo periodo sulla posta elettronica certificata.[4]

[4] «La posta elettronica certificata (PEC) è uno strumento che permette di dare a un messaggio di posta elettronica lo stesso valore di una raccomandata con avviso di ricezione tradizionale» (Wikipedia).

L'ultima nota interessante è che l'Italia, come già successe nel settembre del 2008 con Facebook, è divisa tra gli *early adopter* che si stanno già spostando verso nuove realtà (quali FriendFeed) e il resto della popolazione, che in buona parte non conosce neanche cosa sia Twitter e utilizza lo status update di Facebook.

Il secondo attore è appunto Facebook. Sebbene sia più popolare come social network che come servizio di microblogging, le attività che si possono compiere su Facebook (caricare contenuti, ricevere e rispondere ai messaggi, far parte di gruppi di amici, utilizzare miniapplicazioni ecc.) vengono tracciate in una sorta di "linea temporale" molto simile a quella di Twitter. La principale differenza è che la *timeline* di Twitter è popolata solo da status update che, se pubblici, possono essere ricercati da qualsiasi utente, mentre quella di Facebook traccia ogni azione che tuttavia sarà visibile solo alla propria lista di amici. Questo vuol dire che le conversazioni generate dagli status update di Twitter sono rintracciabili dalle aziende tramite una semplice ricerca, mentre quelle presenti in Facebook sono chiuse all'interno di micromondi generati dalle connessioni tra utenti.

Contrariamente a Twitter però, in Facebook le conversazioni possono nascere anche in altre aree: nei gruppi, dedicati in genere a un interesse comune; nelle *fan page*, pagine contenenti ad esempio informazioni su una persona, un'azienda o un prodotto; e negli eventi, che permettono appunto di organizzare ritrovi e seminari. Per l'utilizzo di questi tre strumenti in ottica business non esistono regole predefinite. Ad ogni modo, se di solito i gruppi nascono spontaneamente da una passione comune per un prodotto o un brand (e quindi è bene che vengano creati in maniera *bottom-up* dagli utenti), le fan page relative a prodotti o ad aziende hanno al loro interno una serie di strumenti di reporting e di personalizzazione molto utili (pertanto è bene che siano le stesse aziende a crearle). Gli eventi, a seconda della loro valenza e finalità, possono essere creati indistintamente dagli utenti o dalle organizzazioni.

Infine le aziende hanno la possibilità di realizzare applicazioni più o meno integrate con i propri servizi. Vodafone, ad esempio, nel 2009 ha realizzato "Mobile Internet Facebook Edition", che dava la possibilità di attivare una promozione dati direttamente dall'applicazione. Barilla ha invece creato un'applicazione che consente l'accesso e l'interazione diretta con la community "Nel Mulino che Vorrei" (si veda la relativa intervista nel capitolo 7).

Facebook rappresenta sicuramente un nuovo canale di marketing ad alto valore aggiunto. Bisogna tuttavia fare attenzione a non confondere i suoi strumenti, come ad esempio la fan page, per validi sostituti di community o spazi proprietari di condivisione: il livello di customizzazione dei supporti conversazionali e il numero di informazioni prelevabili in ottica CRM sono ovviamente limitati rispetto a una piattaforma costruita *ad hoc*, avente una capacità di adattamento alle specifiche esigenze aziendali potenzialmente infinita. Il tentativo di contenere gli investimenti non valutando in maniera corretta le finalità degli specifici strumenti potrebbe portare a scelte errate, poco proficue e in taluni casi controproducenti: Facebook va quindi visto come un canale di comunicazione conversazionale accessorio basato su interazioni evolute ed eterogenee.

L'ultimo attore, anche in termini di comparsa sul mercato, è FriendFeed. Poco conosciuto tra le masse, ma molto utilizzato dagli assidui frequentatori della Rete (circa un milione di iscritti a fine 2009), FriendFeed è un aggregatore che riunisce a discrezione dell'utente tutte le attività svolte online. Più evoluto rispetto al microblogging, così come concepito da Twitter, FriendFeed è un vero servizio di lifestreaming. Una volta registrato, l'utente indica quali sono gli altri account personali (YouTube, Flickr, Twitter, Facebook, il feed RSS del blog personale ecc.) e automaticamente il sistema organizza in un unico flusso informativo i diversi aggiornamenti in tempo reale (aspetto molto importante); tutto questo insieme alla possibilità di seguire altri utenti (come in Twitter, la visualizzazione degli aggiornamenti è monodirezionale, al contrario di quanto avviene con le amicizie di Facebook) e lasciargli un commento o un *like* ("mi piace").

FriendFeed può essere visto come un Twitter evoluto, soprattutto per l'importanza del real-time e la possibilità di creare conversazioni molto facilmente; oppure come una versione ridotta e più raffinata di Facebook (gli aggiornamenti dai gruppi, dai sistemi di tagging o dalle applicazioni di Facebook sono percepiti da alcuni utenti come strumenti di spamming).

Il caso FriendFeed

Nella seconda metà del 2009 FriendFeed ha raggiunto il suo massimo livello di utilizzo e di apprezzamento da parte della relativa community. L'Italia è il terzo paese al mondo (14,44% delle pagine totali viste)[5] a utilizzare FriendFeed dopo Turchia e Stati Uniti. Pur essendo abbastanza recente, la sua diffusione è stata talmente rapida che ha portato alcune aziende (e non solo) a confrontarsi con questo nuovo strumento.

Se per alcuni la possibilità di chiedere quali siano i supermercati aperti durante una normale domenica milanese e generare in tempo reale 14 commenti non è già abbastanza particolare,[6] la "conversazione tra brand" accesasi il 15 giugno 2009 non può che sorprendere[7] (*fig. 6.4*). Gli account Mondadori, Virgilio, Havana Club e Fiat iniziano infatti a discutere se sia giusto o meno celarsi dietro al nome dell'azienda e non farsi avanti con nome e cognome personali. I 100 commenti generati fanno emergere come gli utenti prediligano conversare con persone capaci d'interpretare con spirito un ruolo, piuttosto che con *ghost writer* di brand formali e impersonali. In questa conversazione i brand non sono più rappresentati solo da fattori intangibili e sostenuti da campagne pubblicitarie monodirezionali, ma

Figura 6.4 **FriendFeed: confronto tra persone e brand**

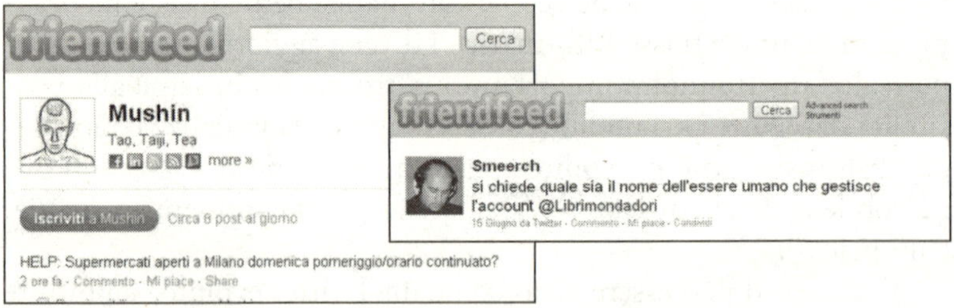

[5] Fonte: http://tinyurl.com/ykraqxu
[6] Fonte: http://tinyurl.com/yzq7bfc
[7] Fonte: http://tinyurl.com/ko6a9d

sono persone comuni che lavorano nelle rispettive aziende. Si intuisce come sia sempre più fondamentale avere in azienda persone capaci di interagire in questi nuovi mondi comunicativi, di rappresentare adeguatamente l'organizzazione e farlo soprattutto real-time, evitando qualsiasi esitazione dovuta magari ad approvazioni formali. La necessità di coinvolgere l'intera azienda descritta nei capitoli precedenti è fondamentale per questo motivo.

Le aziende interessate dall'esempio sono alcune delle tante che stanno sperimentando e studiando il marketing conversazionale, quello in cui parlano le persone, e non i brand.

Altra interessante conversazione degna di nota è quella scaturita da un uomo politico di primo piano, Pier Ferdinando Casini, che ha iniziato a utilizzare FriendFeed come punto di aggregazione delle proprie attività in Rete e nuovo fulcro delle discussioni[8] (*fig. 6.5*). In passato già altri politici, come ad esempio Antonio Di Pietro, avevano utilizzato alcuni social media (blog, YouTube, Second Life), ma mai nessuno si era spinto a interagire in maniera così diretta e azzardata con gli utenti. Dopo un primo periodo abbastanza difficile, la capacità di Casini di rispondere con umiltà e simpatia (facendo capire che si trattava di lui in prima persona) gli ha fatto conquistare una parte degli utenti che comunque, a detta degli stessi, non facevano parte del suo elettorato tradizionale.

Figura 6.5 **FriendFeed e politica**

[8] Fonte: http://tinyurl.com/nadnur

Tra le aziende, un caso rilevante risulta essere quello di 3 Italia, che con un proprio account, oltre a individuare potenziali tester dei propri prodotti e servizi e promuovere in anteprima il lancio di offerte, partecipa in maniera simpatica e coinvolgente alle conversazioni presenti su FriendFeed. Il 9 novembre 2009 l'azienda interviene addirittura in un'azione virale spontanea, alla stregua degli altri utenti di FriendFeed. Luca Bizzarri, noto presentatore televisivo, è uno dei pochi vip presenti nel social network. Gli altri utenti gli chiedono di dimostrare la sua identità e il personaggio carica una foto (a sinistra nella *fig. 6.6*): di lì a poco vengono pubblicate 171 caricature in cui si modifica il testo nel cartello e la notizia viene ripresa da numerosi blog e testate giornalistiche online. Uno degli utenti che partecipa al gioco è proprio 3 Italia (con il cartello a destra nella *fig. 6.6*), che in modo originale, innovativo e autoironico promuove il testing dei propri prodotti con le modalità, i tempi e il linguaggio degli altri utenti.[9] L'azienda rende così l'advertising parte della conversazione, privandola della sua tradizionale impertinenza; il messaggio valorizza intrinsecamente il contenuto e quindi non è invasivo.

Tutti questi segnali sono indicativi del fatto che FriendFeed è stato lo strumento fino a oggi capace d'interpretare al meglio il concetto di conversazione real-time prendendo spunto, in termini di funziona-

Figura 6.6 **Caso virale: "cartello bizzarro" e partecipazione di 3 Italia**

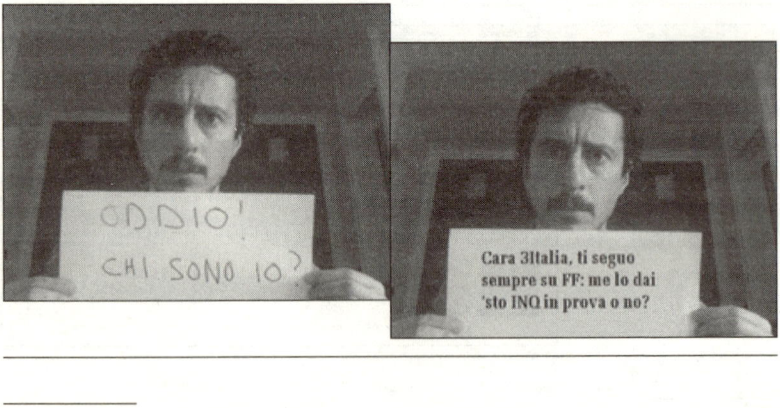

[9] Fonte: http://tinyurl.com/ygatdj2

lità, sia da Twitter sia da Facebook. In pochi mesi gli utenti e anche alcune aziende si sono resi conto delle sue reali potenzialità.

Ma nell'estate del 2009 se n'è accorto e se n'è convinto anche Facebook che, visto il suo trend abbastanza stabile (si veda *fig. 6.2*) e l'inesorabile crescita dei due competitor, con un'operazione a sorpresa, il 10 agosto 2009 ha acquisito FriendFeed. La motivazione sembra essere l'acquisizione di sviluppatori di successo, dato che i fondatori di FriendFeed sono gli ex dipendenti di Google che hanno realizzato Gmail, Google Maps e AdSense. È molto più probabile invece che Facebook stia provando a frenare la crescita di Twitter, dopo aver tentato di recente di acquistarlo, senza successo: l'integrazione di alcune innovative funzionalità dell'ormai non più competitor FriendFeed potrebbero aiutarlo in questa corsa. L'obiettivo è chiaro e si configura sempre di più con la volontà di controllo di quella che sembra essere *the-next-big-thing* della Rete, cioè appunto il Real-Time Web.

La statusfera

La proliferazione degli strumenti di microblogging (i tre servizi descritti nei paragrafi precedenti sono soltanto quelli principali) e la loro usabilità hanno incrementato e moltiplicato la nascita di conversazioni sempre più in tempo reale, come se si stessero usando sistemi di messaggistica istantanea pubblici e multiutente. Nell'ultimo periodo, infatti, le informazioni che circolano sono talmente tante che non c'è più tempo di scrivere sui blog: una segnalazione, un breve commento e via. È difficile rendersene conto, ma mentre in tanti iniziano adesso a scoprire il valore dei blog, da qualche mese sulla Rete si sta assistendo a un'evoluzione dal concetto di blogosfera a quello di statusfera. In sostanza gli utenti scrivono sempre meno sui blog e iniziano a segnalare notizie e approfondimenti sui vari servizi di microblogging e lifestreaming.

Un segnale concreto di questo fenomeno è dato dal fatto che gli aggregatori di feed RSS si stanno a poco a poco svuotando. Ho cominciato ad avere questa sensazione da quando ho iniziato a leggere senza problemi gli aggiornamenti dei miei blog preferiti. Fino a qualche tempo fa (si parla del 2008) era per me impossibile seguire costantemente tutti i nuovi post. Oggi, invece, il traffico di informazioni sui blog si è ridotto e si è lentamente spostato sui siti di microblogging e lifestreaming sotto forma di update: se si vuole dare un aggiornamento di ciò che si sta facendo o pubblicare una breve riflessione c'è Twitter; se c'è bisogno di diffondere qualcosa che abbia un minimo valore e farne scaturire una conversazione si utilizza FriendFeed anziché il blog; se le attività sono meramente ludiche c'è Facebook.

Un primo importante trend dei prossimi anni sarà quindi costituito dal progressivo processo di svuotamento della blogosfera da parte della statusfera (almeno quella degli *early adopter*). I blog tradizionali incarneranno maggiormente la staticità tipica dei vecchi siti, mentre lo status update (il fulcro del microblogging) diventerà sempre più *rich*, cioè ricco di informazioni aggiuntive come link, allegati e commenti. Gli status update costituiranno dei veri e propri "memi",[10] cioè frammenti d'informazione che, viaggiando da una persona all'altra, evolvono, subiscono mutazioni e divengono popolari grazie a una grande capacità di attrazione e diffusione.

In questo scenario di progressiva affermazione della statusfera sono due i segnali forti da evidenziare: la nascita del Real-Time Web e della Real-Time Search.

The-next-big-thing: il Real-Time Web

Con il Real-Time Web aumentano in maniera esponenziale le conversazioni in tempo reale che vanno ad alimentare un flusso continuo di informazioni. Il web in presa diretta si sta delineando attraverso 5 principi e trend.[11]

---

[10] «Un meme è una riconoscibile entità di informazione relativa alla cultura umana che è replicabile da una mente o un supporto simbolico di memoria, ad esempio un libro, a un'altra mente o supporto. In termini più specifici, un meme è "un'unità auto-propagantesi" di evoluzione culturale, analoga a ciò che il gene è per la genetica. La parola è stata coniata da Richard Dawkins nel suo controverso libro *Il gene egoista* [Mondadori, Milano, 1994]» (Wikipedia).

[11] Fonte: web2journal.com (http://tinyurl.com/y94t63u).

1) *Il fattore "qui e ora"*: gli avvenimenti recenti (es. proteste in Iran,[12] terremoto in Abruzzo) mostrano come le notizie dell'ultimo minuto vengano prima diffuse e commentate dagli utenti e poi arrivino sui siti principali o sui media tradizionali.
2) *Gli utenti sono editori*: sono gli utenti a gestire l'informazione collettivamente, a decidere quali notizie siano rilevanti e a trovare il modo più opportuno per condividerle con amici e contatti. I contenuti subiscono una sorta di selezione naturale che fa emergere quelli a più alto valore aggiunto.
3) *Gli uomini contro le macchine*: fino a poco fa erano gli *spider*, i *crawler* e gli algoritmi dei motori di ricerca a definire quali fossero i contenuti più importanti. Questi risultati potevano essere ottimizzati tramite le tecniche di SEO (Search Engine Optimization), adesso invece le persone possono ricevere informazioni e opinioni tramite conversazioni generate e selezionate dagli stessi utenti.
4) *Il fattore Facebook*: con più di 350 milioni di utenti che ogni giorno pubblicano, condividono e commentano contenuti, Facebook risulta un ambiente abitato ma pressoché chiuso. Le modalità con cui si cercheranno informazioni all'interno di questo ambiente sarà qualcosa che cambierà sensibilmente il web e la sua concezione.
5) *Una nuova generazione di motori di ricerca*: gli status update pubblicati dagli utenti in tempo reale generano informazioni che, per loro natura intrinseca, sono diverse come valore rispetto a quelle indicizzate dai motori di ricerca tradizionali. Nascono quindi nuovi motori o metamotori di Real-Time Search (si veda il prossimo paragrafo).

In un contesto real-time come quello descritto, nel momento in cui un'azienda individua una conversazione che la riguarda, è necessario decidere velocemente se e come prenderne parte. Se le persone dell'azienda sono formate e coordinate in maniera opportuna (come descritto nel capitolo 5), il processo corretto consiste prima nel ca-

[12] Gli scontri del 2009 tra la polizia e alcuni manifestanti sono stati accuratamente documentati tramite Twitter, unico canale di comunicazione pubblico dal momento che il governo iraniano aveva censurato i media tradizionali.

pire chi sono gli interlocutori (facendo ricerche su Google, sugli altri social network o sui siti di microblogging) per poi intervenire in maniera adeguata. Il Real-Time Web non ammette errori o ritardi: se si è deciso di esserci e di mettersi in gioco bisogna seguire le conversazioni, prepararsi a essere chiamati in causa, rispondere alle domande, replicare e spiegare, il tutto in presa diretta. Non esistono più canali o situazioni ufficiali, esistono solo persone ufficiali con i loro canali e le loro situazioni.

Alcune aziende americane, come Pepsi e Ford, ormai utilizzano Twitter come canale di assistenza *live*; lo stesso viene fatto in Italia, ad esempio, da Hoepli.it attraverso la propria fan page di Facebook (si veda la relativa intervista nel capitolo 7). Adam Brown, Head of Social Media di Coca-Cola, nell'agosto 2009 riferisce a *The Wall Street Journal* che «siamo arrivati a un punto in cui se non rispondi, non sei visto come un brand autentico».

Ci sono poi aziende che utilizzano i diversi strumenti del Real-Time Web come canali per diffondere ciò che avviene nella propria community, come nel caso "Nel Mulino che Vorrei" di Barilla: con una presenza capillare su Twitter, FriendFeed e Facebook vengono dati una serie di aggiornamenti sullo stato delle idee in corso di valutazione. Anche Fiat è presente sui tre strumenti ma in maniera eterogenea, facendo leva sulle peculiarità di ognuno; costruisce poi un'unica identità aggregativa sul sito www.fiatontheweb.fiat.it dove, tramite widget dinamici, raccoglie gli aggiornamenti dei diversi canali e i link ai blog verticali sulle automobili Bravo e Punto Evo.

Questa nuova trasformazione del web potrebbe anche impattare sui sistemi di relazione interni alle aziende: Google, infatti, si è impegnata nella realizzazione di uno strumento collaborativo che incarna le caratteristiche del Real-Time Web. Google Wave è una nuova applicazione utilizzabile tramite un browser che permette a gruppi di persone di creare *wave* (onde), una sorta di combinazione tra e-mail e instant messaging, per collaborare su un documento, scambiarsi foto e video o utilizzare widget con diverse funzionalità interattive, il tutto in real-time.

Ma è probabile che il Real-Time Web non influirà solo sulle conversazioni in Rete. Data la necessità di essere informati istantaneamente, sembra che ciò che sta succedendo nella statusfera stia via

via trasferendosi nelle attività quotidiane con modelli ibridi online e offline. Di seguito alcuni esempi di questo trend.

- *Shazam*: applicazione per iPhone, Android e BlackBerry che consente di campionare un brano musicale e identificarne nell'arco di 10 secondi titolo e autore, oltre che poterne acquistare la versione mp3 su iTunes.
- *BakerTweet*: oggetto hardware, semplice e pratico da usare nelle cucine delle panetterie, che permette di selezionare il prodotto appena sfornato e lanciare un *tweet* (uno status update inviato via Twitter) di *alerting* per i propri clienti.
- *ShopSavvy*:[13] applicazione per i terminali con sistema operativo Android che permette all'utente di scansionare un codice a barre tramite la fotocamera e individuare all'istante il prezzo più basso tramite una ricerca internet su oltre 20.000 venditori locali e online.
- *Zappos*: la società, nota per la sua presenza su Twitter e la sua particolare attenzione alla clientela, vende online calzature, abiti e accessori; gli acquisti effettuati dagli utenti vengono visualizzati in tempo reale su una mappa[14] con possibilità di voto.
- *Charlotte Russe*: questo digital store di abbigliamento, oltre a una serie di strumenti *social*, integra un motore di highlight in *real-time* relativo ai prodotti visualizzati dagli utenti negli ultimi 15 secondi.[15]
- *Waze*: servizio d'informazione sullo stato del traffico con segnalazioni real-time provenienti dagli stessi utenti.
- *Square*:[16] società gestita da Jack Dorsey, uno dei fondatori di Twitter, commercializza un lettore di carte di credito che si inserisce nella presa delle cuffie dell'iPhone. Il sistema consente di realizzare pagamenti in tempo reale (sotto ai 10 secondi di attesa), ottenere le ricevute istantaneamente via e-mail e geolocalizzare ciascuna transazione all'atto della certificazione della stessa.

---

[13] http://tinyurl.com/lj6cr6
[14] http://tinyurl.com/c9tvea
[15] http://tinyurl.com/yeufwmw
[16] https://squareup.com

Questi *concept* sono ancora a livello embrionale e molte di queste start-up – perlopiù americane – non è detto che abbiano successo. Tutte indicano però un trend che presumibilmente avrà degli impatti importanti sulle aziende. Il real-time marketing, che verso la fine degli anni Novanta del secolo scorso teorizzava nuovi modi di organizzare i processi interni e l'interazione con la clientela grazie a internet (McKenna, 1995), forse non è mai stato così attuale.

Gli effetti del Real-Time Web sul liveblogging e il viral marketing

Se da un lato cambiano i principi di ascolto e di reazione, dall'altro nascono nuove dinamiche di diffusione delle informazioni.

Una prima conseguenza è la nascita del real-time blogging, un'evoluzione del liveblogging, attività ormai consolidata in Rete per realizzare una sorta di "telecronaca" online e dal vivo di un evento. Di solito il blogger che descriveva fedelmente il susseguirsi dei fatti aggiornava il relativo post con diversi update; in calce l'audience online lasciava i propri commenti. Adesso con FriendFeed basta lanciare un update con il titolo dell'oggetto del liveblogging (e magari un link di riferimento alla descrizione dell'evento) e, tramite i commenti, il *thread* di discussione sottostante viene aggiornato potenzialmente da più utenti. La conversazione generata può inoltre essere importata in un blog o in un social network: in questo modo, a fronte della perdita dei dati che saranno residenti su FriendFeed, si ha una maggiore praticità di utilizzo e velocità di *posting*, oltre a una pagina di liveblogging più pulita.

Anche in questo caso Fiat è stata tra le aziende più innovative: per le diverse giornate del MotoGP, il Fiat Yamaha Team ha assoldato alcuni liveblogger che facessero reportage in tempo reale non solo tramite blog e foto (usando Flickr), ma anche attraverso Twitter e in un caso FriendFeed.

Un secondo trend potenziale scaturito dal Real-Time Web consiste nel raggiungere un maggior livello di penetrazione delle proprie attività di marketing virale.

Riporto un semplice esempio che mostra quanto possano essere potenti questi mezzi. Il 24 febbraio 2009, insieme ai colleghi Fabio Gandola e Nicola Tassini, sfruttando il *down* di Gmail, mi sono messo all'opera per realizzare un'operazione amatoriale di viral marketing[17] e buzz marketing,[18] denominata "viral rush hour".[19] Attraverso una serie di semplici azioni, impostate perlopiù sui sistemi di microblogging e lifestreaming descritti in precedenza, ho scalato i posizionamenti in Google finendo quarto con la ricerca "Gmail non funziona" e ottenendo una citazione su LaStampa.it. Questi gli step che ho seguito.

1. Creare la notizia. Quando Gmail ha iniziato a dare i primi segni di disservizio, i più veloci a parlarne sono stati gli assidui frequentatori di Twitter e FriendFeed (intorno alle 10.30). Io mi sono accorto relativamente tardi rispetto ai servizi di microblogging (intorno alle 11.15), ma sono stato tra i primi della blogosfera a decidere di dedicare sul mio blog un post alla notizia. Post più che altro eclatante e abbastanza banale: l'obiettivo era creare un articolo facilmente indicizzabile da Google e che fosse una possibile fonte d'ispirazione per i giornali.

Sono partito quindi dal titolo: doveva essere il più vicino possibile alle ricerche chiave inerenti al tema della giornata; anche il testo e il tagging del post dovevano essere coerenti. In effetti il titolo "Gmail non funziona" (*fig. 6.7*) ha garantito 274 ricerche di Google che hanno portato al mio blog e quindi andate a buon fine. Il post creato corrispondeva al *place* costruito *ad hoc* (descritto nel capitolo 3) che andava promosso tramite i canali real-time.

---

[17] «Il marketing virale è finalizzato alla realizzazione di prodotti, servizi o comunicazioni commerciali che abbiano in sé la propensione a diffondersi spontaneamente fra le persone come virus» (Cova, Giordano e Pallera, 2008).

[18] «Con buzz marketing generalmente si intende un insieme di attività di marketing online e offline, finalizzate ad alimentare le conversazioni delle persone attorno alla marca e alle sue attività di comunicazione» (Cova, Giordano e Pallera, 2008).

[19] Il nome deriva dalla volontà di realizzare un'attività di diffusione virale di un link nell'arco di un periodo di tempo limitato, perlopiù tramite attività di *seeding* ("semina" in snodi strategici della Rete).

Figura 6.7 **Azione di viral marketing: ricerche che portano al post**

2009-02-24

Cerca	Visualizza
gmail non funziona	274
gmail non va	76
perchè non funziona gmail?	38
gmail down	16
gmail non funziona 2009	15
non funziona gmail	14
gmail non funzionante	9
gmail è down	8

2. *Acquisire visibilità sui siti di social news.* La prima attività, dopo aver pubblicato il post, è stata quella di ottenere una minima visibilità su alcuni hub della blogosfera, segnalando la notizia su siti di editoria sociale come Wikio, Digg, Diggita o OkNotizie. Inoltre ho condito il tutto con qualche segnalazione su siti di social bookmarking come Delicious. I primi commenti hanno iniziato a farsi vedere (*fig. 6.8*).

3. *Attivare il viral marketing.* Come per le attività di SEO al punto 1, anche per il viral marketing un esperto del settore avrebbe potuto fare molto di più. Io mi sono limitato a tre azioni:

- monitorare su Twitter una ricerca con parola chiave "Gmail" e rispondere a coloro che apparivano nel lifestream i quali, per avere informazioni sul funzionamento di Gmail, avrebbero trovato il necessario al relativo link (che portava al mio post);
- cercare allo stesso modo su FriendFeed le conversazioni opportune (sempre tramite ricerca) e commentare segnalando il link;
- pubblicare automaticamente a cascata sui relativi profili di Facebook gli aggiornamenti generati su Twitter e FriendFeed.

Figura 6.8 **Azione di viral marketing: primi commenti al post**

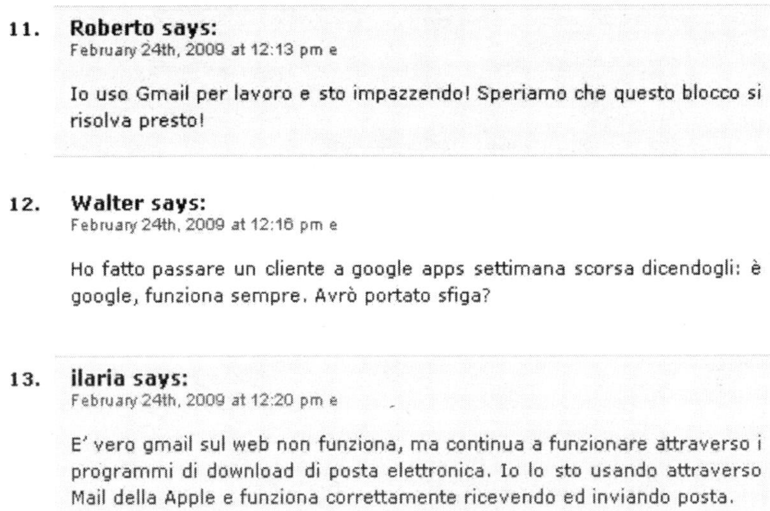
11. **Roberto says:**
February 24th, 2009 at 12:13 pm e

Io uso Gmail per lavoro e sto impazzendo! Speriamo che questo blocco si risolva presto!

12. **Walter says:**
February 24th, 2009 at 12:16 pm e

Ho fatto passare un cliente a google apps settimana scorsa dicendogli: è google, funziona sempre. Avrò portato sfiga?

13. **ilaria says:**
February 24th, 2009 at 12:20 pm e

E' vero gmail sul web non funziona, ma continua a funzionare attraverso i programmi di download di posta elettronica. Io lo sto usando attraverso Mail della Apple e funziona correttamente ricevendo ed inviando posta.

Poche azioni nel momento giusto mi hanno fatto salire di posizionamento su Google. Già verso le 12 il mio blog si trovava in prima pagina con la ricerca "Gmail non funziona" (*fig. 6.9*), ma anche le ricerche "Gmail non va" e "Perché Gmail non funziona?" mi vedevano tra le prime posizioni.

4. Potenziare il viral tramite il buzz. Nel caso specifico, ho concepito come *viral* tutte le azioni ad alta intensità di aggiornamento rivolte a utenti sconosciuti che potessero a loro volta promuovere la notizia; mentre per *buzz* ho inteso tutte le attività di passaparola verso conoscenti e amici. Il *viral* è servito quindi come abilitatore, mentre il *buzz* come potenziatore dell'iniziativa. La pubblicazione degli aggiornamenti di Twitter e FriendFeed su Facebook costituiva già di per sé un'azione di buzz marketing automatica, in quanto la segnalazione arrivava al proprio gruppo di amici. Altre vie per alimentare il passaparola tra i conoscenti erano costituite dalla pubblicazione di status update consoni sui servizi di messaggistica istantanea (es. MSN e Skype). Infine, il potenziamento di quanto fatto in termini di vi-

Figura 6.9 **Azione di viral marketing: posizionamento in Google**

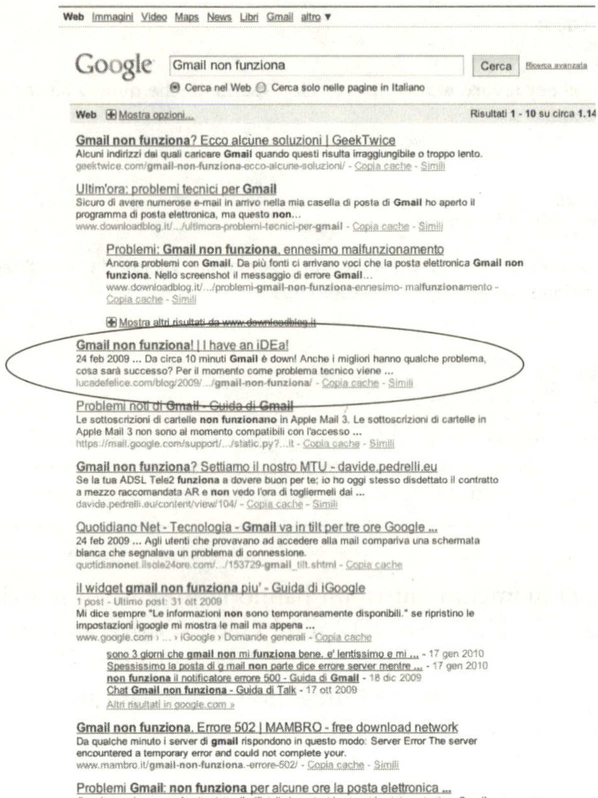

ralità avveniva indicando via e-mail, ad amici e parenti, la notizia su Wikio e richiedendo gentilmente un loro voto.

A questo punto, nonostante fosse di nicchia, il blog aveva raggiunto una buona visibilità. Le visite giornaliere non erano mai state così alte (1.285 visite raggiunte nell'arco di poche ore), e in effetti quanto avevo fatto aveva funzionato (*fig. 6.10*). In realtà verso le 13.15 mi sono accorto che ancora nessuna testata online parlava del *down* di Gmail.

5. Contattare i quotidiani online. Ho colto il ritardo dei giornali nel pubblicare la notizia per proporgli il mio post come primo *log* di

Figura 6.10 **Azione di viral marketing: picco nelle visite al blog**

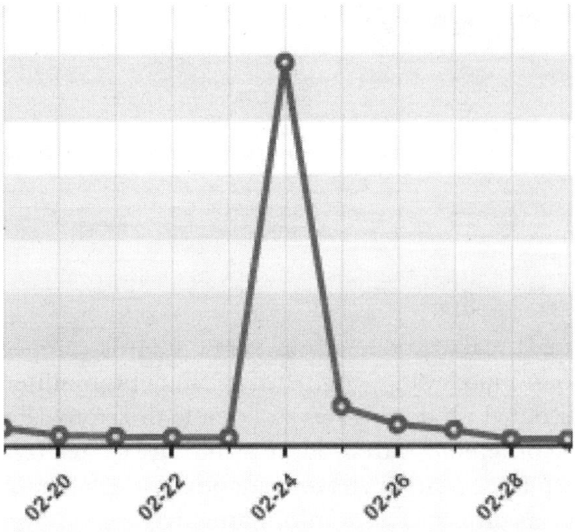

quanto era successo in mattinata (il post veniva aggiornato ogni tanto con i vari update) e delle reazioni a caldo di alcuni utenti. A distanza di un'ora e mezza da quando si è verificato il disservizio, LaStampa.it ha ripreso il mio blog (*fig. 6.11*),[20] giudicandolo il più informato sulla notizia e concludendo il pezzo in maniera "eclatante". Nel frattempo mi limitavo a commentare le notizie degli altri quotidiani (ove possibile), promuovendo il solito link.

Quest'esperienza induce a riflettere sulla capacità di ottenere visibilità in Rete tramite questi strumenti. Cavalcando la notizia giusta (Gmail è un ottimo servizio di posta elettronica e per questo è molto diffuso; un suo disservizio può fermare l'attività personale e lavorativa di non poche persone) e coordinando alcune azioni sui principali servizi in Rete, specialmente sui siti di microblogging come Twitter e FriendFeed, è possibile raggiungere risultati sorprendenti anche senza essere degli esperti in materia di viral marketing.

---

[20] Fonte: http://tinyurl.com/d5fpw2

Figura 6.11 **Azione di viral marketing: citazione su LaStampa.it**

LA STAMPA.it

TECNOLOGIA COSTUME INTERNET

Server Error

Il caso
Gmail in tilt
Ripristinato dopo tre ore

Il diffuso servizio di posta elettronica in tilt. Sul Web le lamentele in tempo reale. Caos e disagi per 30 milioni di utenti. E Google ammette il guasto: «Ce ne scusiamo».

Sui blog tecnologici è subito rimbalzata la notizia. «Se anche loro cominciano a perdere colpi allora siamo davvero alla frutta»; «Non è il primo caso di blackout del servizio, da cui ormai dipendono numerosissime attività. Già negli ultimi giorni ha fatto registrare un andamento singhiozzante». Josh su Techcrunch scrive: «Il mio account è ancora off-line ed è un po' fastidioso per il mio lavoro dato che sono fuori sede. Ero così eccitato quando hanno lanciato offline di Gmail, è vero, è molto utile in questo tipo di situazione». Questi non sono che alcuni commenti degli utenti infastiditi dal disagio subito e che perdurerà non si sa ancora per quanto. Sul blog **Lucadefelice.com** Stefania è incredula: «Uso GMail da circa 3 anni... e non si erano mai verificati problemi tecnici... incredibile, anche Google sbaglia».

Al contrario, la realizzazione di una vera e propria campagna virale richiede sforzi più elevati e competenze più approfondite. Nel caso di lancio di nuovi prodotti o servizi la mole di lavoro sarebbe stata leggermente differente: oltre a dover pianificare e a realizzare attività, sarebbe stato necessario creare una notizia, un elemento che scatenasse la viralità e fosse minimamente *appealing*. Secondo *Marketing non-convenzionale*, infatti, «un'operazione di marketing virale deve veicolare il messaggio in una maniera rilevante per le persone, rendendolo "meaningful" o "valuable"; vale a dire deve essere pregnante dal punto di vista simbolico oppure deve apportare valore economico» (Cova, Giordano e Pallera, 2008). Ovviamente, più tale elemento promozionale si lega alle buone qualità del prodotto/servizio o a valori condivisi relativi a un brand, più l'attività virale sarà genuina e più avrà un largo spettro di diffusione.

Ad esempio la Business School ESCP Europe, in occasione del suo 190° anniversario, ha realizzato un video virale[21] in *stop-motion* che aveva l'obiettivo di promuovere il nuovo brand della storica scuola francese in modo immediato, innovativo e moderno. Grazie alla collaborazione dell'agenzia Vanksen,[22] il coinvolgimento di 300 studenti e un'intensa attività conversazionale su Twitter e Facebook, il video ha raggiunto più di 240.000 visualizzazioni su YouTube in

[21] http://tinyurl.com/yhxat6t
[22] Società organizzatrice dell'evento "Marketing 2.0 Conference" (www.marketing2conference.com).

un mese ed è stato citato in un articolo su *Huffington Post*, uno dei più famosi giornali d'informazione online in America.[23] Recentemente in molte iniziative di questo genere si tentano di creare esperienze in cui le attività di viral marketing online accompagnano quelle di guerrilla marketing[24] offline.

Nel corso del 2009 ho partecipato alla realizzazione di una campagna di guerrilla & viral marketing denominata IS (Identità Sociale).[25] IS è un progetto d'indagine sociale e contemporanea che, servendosi delle strade, delle piazze, delle mostre, delle università e dei mezzi pubblici di Milano, cerca una risposta a una domanda sintetica ed emblematica ("Cosa stai facendo?"), la stessa che in Rete e in particolare su Facebook e Twitter interpreta il dilagante fenomeno dello status update. In altri termini, gli obiettivi sono studiare il trend dello *human broadcasting* descritto nel capitolo 2 e diffonderne la conoscenza: online tramite i suoi stessi strumenti e offline tramite affissioni nell'intera città.

L'iniziativa è composta da tre fasi (le prime hanno avuto luogo a settembre e ottobre del 2009, la terza sarà realizzata nei primi mesi del 2010).

1) Migliaia di cartelli vengono affissi per tutta la città di Milano con la domanda cardine (espressa in varie forme e lingue) per far sì che il pubblico incominci a conoscere il progetto. Il *layout* pulito e minimale dei cartelli anonimi dev'essere inteso come "da riempire" concettualmente e fisicamente (*fig. 6.12*).
2) Veri status di persone (raccolti durante la fase 1 tramite appositi stand) costellano i nuovi cartelli affissi per la città (a destra nella *fig. 6.13*), mentre online vengono diffusi ritratti come quello del-

---

[23] http://tinyurl.com/ycf8c8z

[24] «Complesso di tecniche di comunicazione non-convenzionali che mira a ottenere il massimo della visibilità con il minimo degli investimenti. Punto chiave di un'attività di guerrilla è l'effetto sorpresa. Un'attività di guerrilla marketing può avere una propagazione virale grazie a immagini o video strategicamente diffusi in rete (Cova, Giordano e Pallera, 2008).

[25] Il mio coinvolgimento si è limitato alle attività di viral marketing online. Per informazioni sul progetto e le sue modalità organizzative è necessario fare riferimento al sito www.identitasociale.com o al coordinatore responsabile Ivan Olita.

Figura 6.12 **Fase 1 di IS**

Figura 6.13 **Fase 2 di IS**

l'immagine a sinistra nella *figura 6.13*. Tramite il sito internet di IS si raccolgono status e foto di altri cittadini interessati all'iniziativa.

3) L'organizzazione di un evento mirato a fotografare tutti i presenti chiuderà la fase 2 e darà il via alla terza fase, durante la quale verranno affissi i cartelli con tutti i volti e gli status raccolti online e offline. I passanti potranno camminare in cerca dell'angolo occupato dal loro viso e incuriosirsi leggendo lo status dei loro concittadini. La città si riempirà di stimoli riflessivi/voyeuristici mediati da un volto e da un'espressione identitaria (lo status) che, decontestualizzata dal suo universo d'origine, acquisirà una nuova valenza.

A oggi il progetto IS ha raccolto numeri di tutto rispetto: 300 e-mail pervenute dopo i primi due giorni, 2.000 ritratti scattati, 5 università e 19 locali coinvolti, il supporto di alcune aziende e una ricca rassegna stampa locale e nazionale (*fig. 6.14*).

Figura 6.14 **Il progetto IS su Seidimoda e Grazia**

seidimoda

domenica, 20 dicembre 2009

Sei di Moda / Attualità / Milano Is. Atto secondo

VIRAL

Milano Is. Atto secondo

di Simona Movilia

GUARDA: Le immagini

La fase uno ha preso il via nella settimana della moda e ha visto Milano invasa da 15.000 cartelli che ponevano tre semplici domande. Cosa stai facendo? Cosa stai pensando? Cosa stai provando? Una nuova forma di "pensiero vincente" che ha suscitato interesse e curiosità. Chi incrociava uno dei cartelli poteva lasciare la sua risposta al numero telefonico **345-4004000**. E stare a vedere cosa accadeva.

Ora siamo alla **fase due** con la città tappezzata di cartelli che riportano i veri status di persone iscritte a social networks. E i passanti possono interagire in vari modi. Possono integrare il loro pensiero direttamente sul cartello. Oppure collegarsi al sito per uploadare una foto più status. O ancora contattare il numero telefonico o farsi fotografare dal "Commando Is" in giro per la città.

Intanto se siete curiosi o volete capire meglio cosa sta accadendo in città, potete seguire le gesta del commando sul loro **blogspot**. Cosa aspettate a metterci la faccia?

(Pubblicato il 02 ottobre 2009)

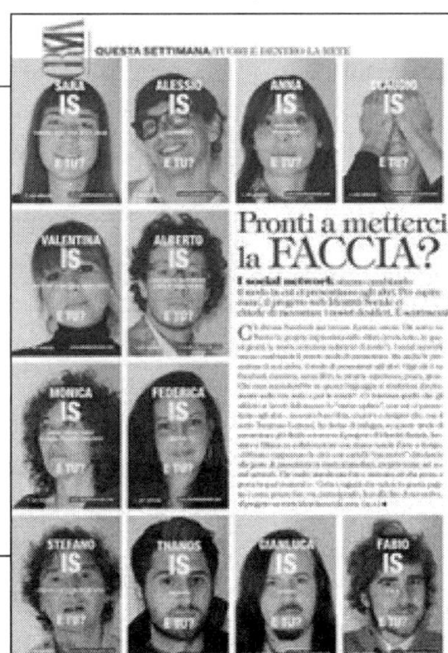

QUESTA SETTIMANA

Pronti a metterci la FACCIA?

I social network

Le prime due fasi sono state importanti per raccogliere una serie di adesioni, accordi con diverse società (es. Promocard per la distribuzione di 100.000 cartoline su Milano) e il patrocinio del Comune di Milano, grazie al quale la fase 3 vedrà affissi 1.000 manifesti. Le attività offline di guerrilla (15.000 cartelli) e realizzazione di ritratti tramite set temporanei sono state supportate da altrettante azioni online di *viral* tramite Twitter, FriendFeed e Facebook per la promozione del blog e del sito (in cui è presente una *form* per la raccolta di status e foto). In particolare è stato Facebook lo strumento che ha permesso una rapida diffusione dell'iniziativa (la fan page ha raggiunto più di 1.500 iscritti) tramite l'innesco di conversazioni virali specialmente tra i rappresentanti delle Generazioni C e Y (*fig. 6.15*).

Le esperienze descritte mostrano quindi come le nuove realtà del Real-Time Web costituiscano degli strumenti conversazionali ideali per diffondere notizie e promuovere iniziative nell'arco di brevi periodi temporali.

La guerra per la Real-Time Search

La seconda e forse più importante conseguenza del passaggio da blogosfera a statusfera è che il bacino da cui attingere informazioni sta cambiando. E spesso anche il tipo di informazioni che si cercano comincia ad avere nuovi criteri d'importanza, come ad esempio l'attualità di una notizia, anziché il suo PageRank.[26] Se l'obiettivo è trovare informazioni real-time, i soliti blog e hub della Rete non bastano più. Per cercare notizie "fresche" o semplicemente per cercare informazioni che ormai non si trovano più sui siti o sui blog servono ricerche basate sui micromondi, come Twitter o FriendFeed. Tutti i grandi player del web se ne stanno rendendo conto e ognuno si muove con i propri mezzi verso la nuova metà: la Real-Time Search (RTS).

[26] «Il PageRank è un algoritmo di analisi che assegna un peso numerico ad ogni elemento di un collegamento ipertestuale di un insieme di documenti, come ad esempio il World Wide Web, con lo scopo di quantificare la sua importanza relativa all'interno della serie» (Wikipedia).

Figura 6.15 **IS: statistiche della fan page di Facebook**

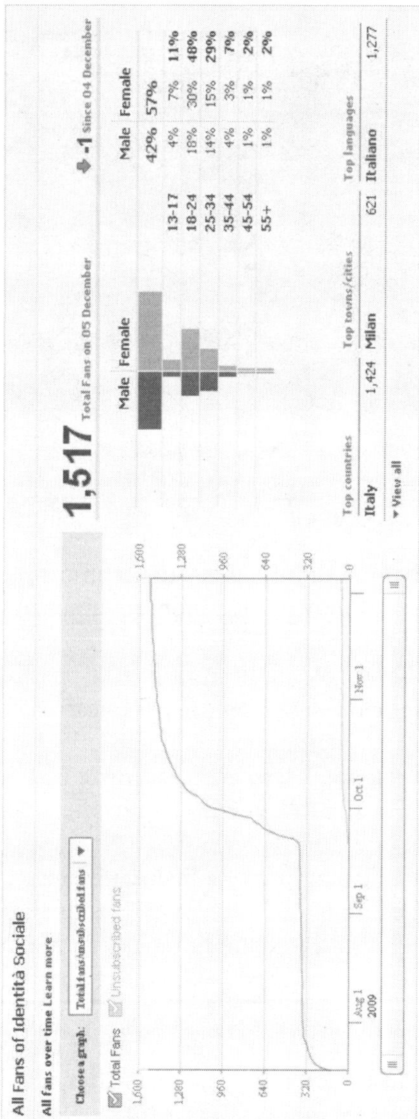

Figura 6.16 **La nuova homepage di Twitter**

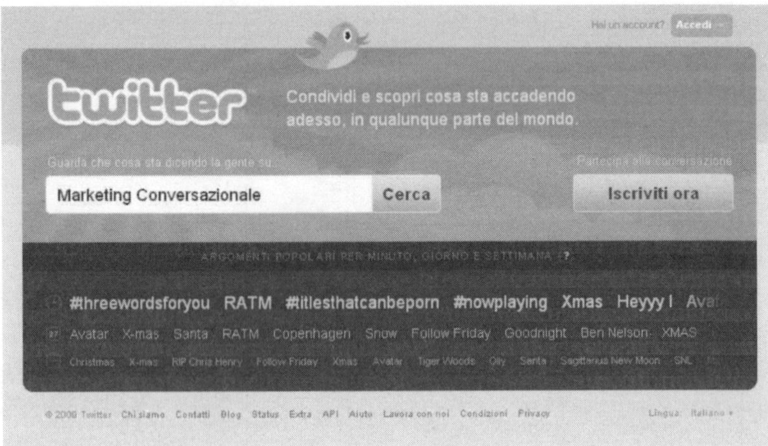

Twitter, vista la grande quantità di informazioni accumulate, nel luglio 2009 ha ridefinito la sua homepage, dando un'importanza non indifferente alla ricerca (*fig. 6.16*).

Nell'estate del 2009 Facebook ha annunciato la possibilità di compiere ricerche relativamente a contenuti pubblicati dai propri amici; prima era possibile solamente cercare tra i profili, i gruppi e le applicazioni. Ma Facebook potrà senz'altro assumere una posizione di dominio relativamente alla RTS grazie alla recente acquisizione di FriendFeed.

Quest'ultimo servizio infatti è riuscito a realizzare una RTS molto avanzata: con FriendFeed è possibile creare un box di ricerca che fornisce risultati in presa diretta e che continua a funzionare se incorporato in blog e siti web. FriendFeed (e dunque Facebook) è sicuramente avvantaggiato nella corsa all'RTS ma, visto che il suo database dipende dagli utenti iscritti e non è detto che la sua popolazione aumenti, al momento ha più potenzialità Twitter, che ha una popolazione molto più grande e molto più proiettata alla crescita in questo momento storico, come si è visto nel primo paragrafo di questo capitolo (si stima il raggiungimento di addirittura un miliardo di utenti per la fine del 2013);[27] a meno che le probabili e imminenti integrazioni tra FriendFeed e Facebook non diano vita a una *killer application* capace di arricchire Facebook di utenze e funzionalità di *searching* e update in real-time evolute (questo impatterà sensibilmente sul "fattore Facebook" di cui si è parlato in precedenza).

Funzionalità con cui anche Google sta provando ad arricchire il suo motore di ricerca. Verso la fine del 2009 la società ha integrato la Social Search tramite un'apposita finestra che preleva dati da Twitter e altre fonti (*fig. 6.17*). Nello stesso periodo anche Microsoft ha stipulato un accordo per integrare in Bing i risultati delle ricerche effettuate su Twitter e Facebook.

Della nuova tendenza se ne stanno rendendo conto anche altre realtà americane che approcciano il mondo della Real-Time Search: nel

Figura 6.17 **Google Social Search**

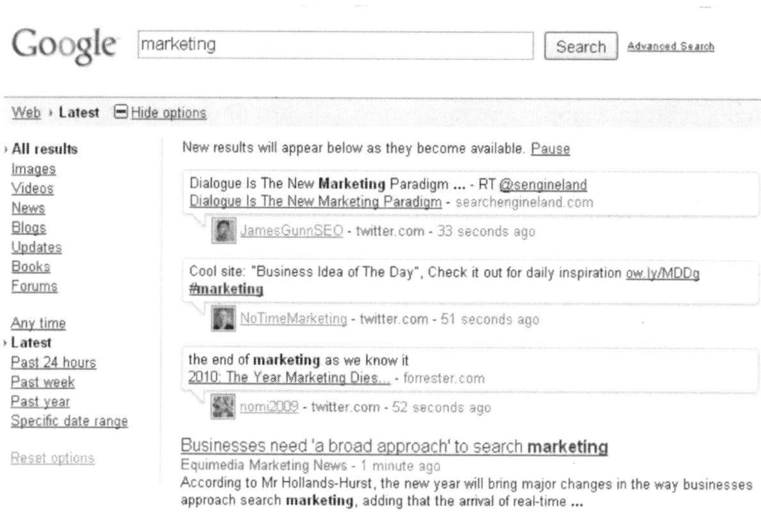

[27] Secondo indiscrezioni, i fondatori del popolare servizio ritengono che se Twitter dovesse realmente raggiungere questo numero di utenti, potrebbe diventare il "polso del pianeta" (Techcrunch – http://tinyurl.com/kpzcl9).

secondo semestre del 2009, sono nate una miriade di start-up che forniscono servizi di RTS (Scoopler, Yauba, Twazzup, OneRiot ecc.) aggregando i risultati di ricerca dei siti proprietari dei dati (Twitter e FriendFeed, ma anche Delicious e altri). Il punto di forza di Scoopler è l'organizzazione dei risultati della ricerca: a sinistra gli aggiornamenti provenienti da servizi di microblogging e social news, sulla destra informazioni più di lungo periodo. Le potenzialità di Yauba sono date invece dalla moltitudine di filtri che è possibile applicare alla ricerca. Ma il proliferare di servizi di Real-Time Search non sembra limitarsi a questi: un articolo di VentureBeat[28] ne censiva circa 11 a giugno 2009. In realtà se ne stanno aggiungendo molti altri, e questa crescita può essere semplicemente monitorata tramite una ricerca su Google (o direttamente su Twitter o FriendFeed) con chiave "Real-Time Search" o "Microblogging Search".

Molte start-up sognano di diventare la Google della RTS, ma quello che si nota è la nascita di molteplici servizi che si differenziano solo per le fonti da cui prelevano le conversazioni e per alcune piccole caratteristiche nell'organizzazione dei dati. Alcune società danno un valore aggiunto alla ricerca, permettendo di creare un pannello customizzabile per la gestione delle conversazioni in ottica consumer (es. Seesmic, TweetDeck) o il monitoraggio del *buzz* intorno al brand o a un prodotto in ottica business (es. Radian6, Nielsen BuzzMetrics);[29] altre distinguono i *tweet* positivi da quelli negativi (es. TweetFeel); altre ancora definiscono gli status update più popolari in un determinato momento in base ai link che condividono (es. TweetMeme); infine alcune monitorano quotidianamente i 50 brand più citati su Twitter (es. TweetedBrands).

Ad ogni modo, a oggi non si vede un vero leader di mercato. Molto probabilmente, oltre all'attività d'integrazione e di proposizione delle conversazioni, vincerà chi saprà costruire su questi dati delle analisi semantiche. Mentre per blog e social network tradizio-

---

[28] www.venturbeat.com (http://tinyurl.com/n729hw).

[29] Le migliori e più mature piattaforme di monitoraggio e ascolto delle conversazioni in Rete sono descritte nel report "The Forrester Wave™: Listening Platforms, Q1 2009".

nali era possibile individuare alcuni indicatori puntuali e quantitativamente definibili (es. numero di *view*, rating), sulle conversazioni in tempo reale l'unica analisi di valore è quella del *sentiment*, che, essendo puramente qualitativa, attualmente non è ancora abbastanza attendibile. Definire algoritmi semantici che possano fare da ponte tra questa nuova tipologia di informazioni e i tradizionali sistemi di ricerca e CRM è la nuova sfida, e le prime aziende a beneficiarne acquisiranno senza dubbio un grande vantaggio competitivo.

Il monitoraggio delle strategie di mercato e delle mosse dei diversi competitor permette alle aziende di essere pronte ad agire in maniera opportuna. La conoscenza dei trend di RTS permette di comprendere e conoscere i migliori strumenti con cui individuare le conversazioni relative alla propria organizzazione. Inoltre, studiare questi strumenti e i diversi attori in gioco potrebbe ad esempio creare delle opportunità quando presumibilmente sarà possibile acquistare advertising legata alle ricerche real-time (stando ad alcune indiscrezioni relative a Twitter, evento non così improbabile).[30]

Allo stesso modo non è opportuno limitare le proprie esperienze al canale web. L'innovazione trainata dal Web 2.0 e dal Real-Time Web non agisce soltanto sulla Rete. I nuovi approcci descritti ampiamente in questo libro stanno influenzando altri due canali di comunicazione: il *mobile* e la tv. In questo lento processo di osmosi, i social media stanno creando uno strato comune e *seamless* in grado di rendere concreta ed effettiva la convergenza tra i diversi canali digitali.

Mobile: i 5 principali trend

Il settore delle telecomunicazioni mobili sta dando una grande spinta alla crescita del Web 2.0 e in particolare del Real-Time Web. Il *mobile* internet, grazie a tariffe sempre più accessibili, sta diventando una realtà in grado di fare da volano alla diffusione dei paradigmi sociali.

---

[30] Fonte: Techcrunch (http://tinyurl.com/kwqqbm).

Figura 6.18 **Piramide di Ajit Jaokar**

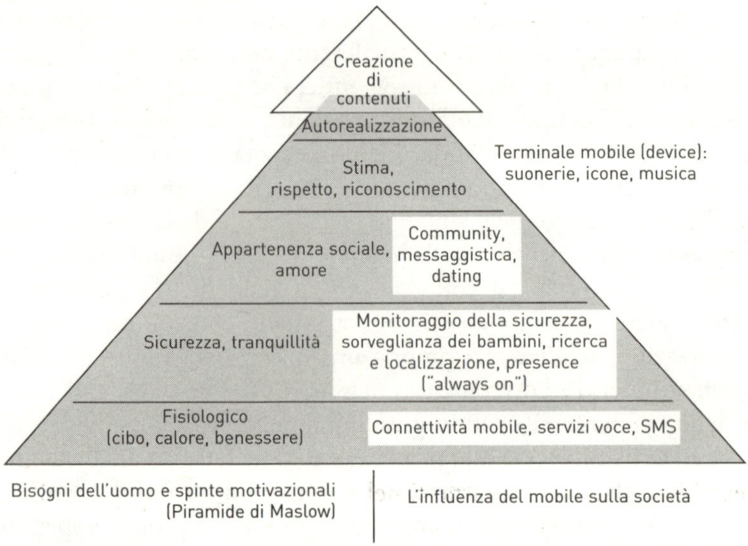

Verso la fine del 2007 ho individuato online una rivisitazione della piramide di Maslow, simile alla COSMA, ma focalizzata sul settore *mobile* (*fig. 6.18*). Come è facile notare, i primi tre step sono pressoché uguali o comunque molto simili a quelli della piramide COSMA, ma si focalizzano solo sull'ambito *mobile*.

- *Mobile Access*: fa riferimento al "bisogno di connessione" della piramide COSMA, in cui come esempio viene proprio riportato il cellulare.
- *Find and Location*: intercetta il "bisogno di orientamento" digitale legato in prevalenza alle attività dei terminali mobili (l'esempio comune alle due piramidi può essere il GPS), ma anche al concetto di *presence* (*always on*).
- *Communities and Messaging*: simile a quello relativo al social networking presentato nella piramide COSMA, rappresenta il "bisogno di socialità" ma è fortemente legato alla possibilità di interagire in mobilità con i propri contatti.

- *Device*: qui le due piramidi si distinguono profondamente. La COSMA individua in questo step il "bisogno di medialità", cioè di rendersi visibili in ottica multimediale all'interno della comunità di cui si fa parte, concetto che viene evidenziato invece nello step successivo della piramide di Ajit Jaokar. In questo gradino, invece, *device* rappresenta la possibilità di differenziarsi all'interno del gruppo sociale tramite la personalizzazione dello stesso (suonerie, sfondi ecc.).
- *Content creation*: come già detto, questo step viene rappresentato dai DIY media, differentemente quindi dal "bisogno di autocelebrazione" della piramide COSMA. In questo caso si fa più che altro riferimento alla creazione e alla condivisione di contenuti all'interno di social network.

Sebbene possa sembrare banale, la piramide di Ajit Jaokar già nel 2007 aveva approssimativamente individuato quelli che si sarebbero rilevati i 5 trend più importanti nel *mobile* degli ultimi due anni.

- *Info* (*consume*): l'accesso alle informazioni è spesso più indispensabile in mobilità. Servono servizi mobili in grado di accedere velocemente e intuitivamente alla conoscenza (si pensi al browser Safari per iPhone con l'ottimale integrazione di Google). Lo stesso varrà quando la diffusione della Real-Time Search sarà tale da rendere indispensabile questa funzionalità anche su *mobile*.
- *Presence* (*follow*): la simultaneità di accessi e l'interazione in tempo reale con i propri contatti è ancora più importante in ambito mobile perché il proprio social network corrisponde alla rubrica del telefono e, in questo caso, maggiori informazioni "sociali" si hanno, più semplice sarà interagire e più ci si sentirà "sicuri". La connessione con determinati social network e il costante aggiornamento sta diventando sempre più indispensabile. Anche la funzione più utilizzata e più preziosa del telefono può quindi trasformarsi in un nuovo media sociale se ripensato in ottica internet. La rubrica telefonica può diventare il cuore pulsante del networking, essendo il suo utilizzo naturale, semplice e reiterato nel tempo. In quest'ottica nascono servizi importanti come Jaiku (acquisito da Google e integrato in "Google App Engine") e ZYB (acquisito da

Vodafone e facente parte del servizio di rubrica dinamica denominato "People"), che diventeranno estensioni delle tradizionali funzionalità di rubrica già presenti all'interno del telefono. Seguendo questa dinamica, Hutchison Whampoa, la società di Hong Kong che controlla 3 Italia, attraverso INQ Mobile ha lanciato una serie di propri terminali con servizi di social networking integrati (Facebook, Twitter, Skype ecc.) che funzionano in background e in modalità multitasking. Si possono quindi inviare e ricevere messaggi di chat come se fossero normali SMS, mentre si effettuano chiamate Skype come se fossero normali telefonate.

- *Local* (*find*): il CellID prima e il GPS poi, sebbene in prima battuta soddisfino esigenze di "sicurezza", hanno permesso la nascita di servizi *location-based* con forte orientamento sociale. I *tweet* e i contenuti possono ad esempio essere geotaggati. Nascono così le community geolocalizzate, chiamate spesso MoSoSo (Mobile Social Software). I MoSoSo sono software che permettono d'individuare i propri amici in mobilità basandosi sulle variabili spazio/tempo. Un esempio di MoSoSo è Google Latitude (o anche il più recente Google Buzz in versione *mobile*), servizio che permette di individuare dove si trovano i propri amici su una mappa in un determinato momento. In Italia al momento i MoSoSo si sono manifestati prevalentemente tramite il *toothing*, fenomeno propagato per passaparola online che rappresenta l'utilizzo del bluetooth come mezzo di *social dating* (basandosi quindi su una tecnologia pensata per scopi diversi e comunque non sociali). Anche le aziende hanno iniziato a utilizzare il bluetooth con nuove finalità: il *proximity marketing* o *bluetooth advertising* nel caso specifico utilizza questa tecnologia di corto raggio per trasmettere contenuti multimediali di vario genere a tutti i dispositivi con bluetooth attivo nel raggio di 100 metri. Lato venditore si ha il vantaggio di creare facilmente nuove opportunità commerciali; lato utente la possibilità di fruire di informazioni, promozioni e fonti di svago. Tutti questi esempi consolidano i bisogni di sicurezza (sapere dove ci si trova e chi/cosa c'è intorno a sé), ma sono proiettati già verso il bisogno di socialità.
- *Widgeting* (*customize*): sebbene il concetto di personalizzazione del terminale per distinguersi all'interno di un gruppo abbia an-

cora valore, il trend in atto sottintende una customizzazione semanticamente differente. Si sta assistendo infatti a una larga diffusione dei widget, miniapplicazioni che riproducono in tutto o in parte funzionalità generalmente presenti nei servizi web, permettendo all'utente di personalizzare le informazioni che vuole filtrare secondo le proprie necessità. Il concetto di personalizzazione sta acquisendo un'importanza rilevante soprattutto con l'arrivo dei *mobile* widget. Anche in questo caso Apple sta giocando il ruolo di leader: con l'iPhone viene estremizzato il concetto di widget, che non è più inserito all'interno di un Mashup Portal o di un blog/social network, ma diventa applicazione all'interno del *device*. Sull'onda di questo trend stanno nascendo una miriade di *application store*, da quelli dei costruttori di hardware e software (Apple è stato il primo, ma ci sono anche Nokia, BlackBerry, Google Android e altri) a quelli degli operatori mobili (es. Vodafone), oltre a quelli *white label*. Se da un lato questi nuovi luoghi di vendita e distribuzione sono ottime vetrine promozionali, il loro proliferarsi complica ulteriormente le attività delle aziende: è infatti necessario individuare fin da subito gli application store più promettenti in cui tentare di diffondere applicativi e widget che possano in qualche modo promuovere la propria azienda e diffonderne i relativi servizi (Webank, come si vedrà nell'intervista presente nel capitolo 7, è una delle prime banche ad aver esteso alcuni suoi servizi a un'applicazione per iPhone).
- *Social* (*share*): la condivisione di foto, video e contenuti multimediali, come avviene con il servizio ShoZu, è ancora più semplice perché il *device* diventa il punto di convergenza tra strumenti di input (es. fotocamera, videocamera ecc.) e di output (l'applicazione fa da aggregatore di diversi servizi di social networking e microblogging).

Participation tv e user generated tv

«Crediamo soltanto a ciò che vediamo. Perciò, da quando c'è la televisione, crediamo a tutto»; la citazione dell'artista Dieter Hildebrandt mai come oggi risulta attuale. Il fatto che i media tradizionali continuino a tentare di convincerci che la tv e internet facciano ancora parte di due mondi paralleli ne è un esempio: in realtà queste due entità sono più vicine di quanto possa sembrare. Nell'era del Web 2.0 le persone fanno la Rete, la costruiscono e la gestiscono in maniera destrutturata ma organizzata: è il reality del web. E occupandosi di reality, la Rete non poteva non "contagiare" anche il promotore di reality per eccellenza: la televisione.

Molti massmediologi, osservando un calo generale dei dati di share, sostengono che la tv tradizionale sia ormai morta: in realtà non è estinta la sua natura intrinseca, ma come essa viene interpretata. Sono due i principali cardini su cui si fonda la televisione, che non cederanno mai: è distensiva, in quanto permette una fruizione totalmente passiva; è aggregativa, in quanto la diffusione in diretta di un contenuto crea un evento di cui discutere. Il problema è che gli utenti crescono, si evolvono, si acculturano e non si accontentano più di programmazioni di massa: lo dimostra la crescita e la diffusione della tv a pagamento negli ultimi anni. Gli spettatori vogliono mantenere quella passività di fruizione tipica della televisione, ma desiderano quella proattività che contraddistingue gli internauti nella scelta dei contenuti. Sentono la necessità di vivere dei momenti aggregativi, ma soltanto con chi condivide i propri rituali e le proprie abitudini. In sostanza, non vogliono rientrare passivamente in una massa, ma vogliono scegliere singolarmente la community di cui far parte.[31]

Uno studio di Nielsen pubblicato a ottobre 2008 negli Stati Uniti ha rivelato che quasi un terzo dell'utilizzo di internet da casa (il 31%) è accompagnato in sottofondo dalla tv. Inoltre, più dell'80% degli americani che guardano la tv e usano internet ha dichiarato di farlo simultaneamente, con una maggiore concentrazione tra i teenager.

Tuttavia, per quanto riguarda i minuti totali di utilizzo contemporaneo di tv e internet, il primo posto va alle persone tra i 35 e 54 anni. Sembrerebbe quindi che l'utilizzo di internet possa essere complementare e non sostitutivo rispetto alla visione della tv. I so-

[31] Rielaborazione dell'articolo di De Felice (2007).

cial network e la tv potrebbero dunque supportarsi a vicenda: una prova di questo è stata l'altissima quantità di messaggi postati su Twitter durante la cerimonia di consegna dei premi Oscar nel febbraio 2009;[32] un altro segnale è costituito dal numero di conversazioni di FriendFeed scaturite da programmi televisivi italiani.

Probabilmente ciò che si verificherà sulla televisione è il ripetersi di dinamiche sociali già avvenute in Rete. Quelli descritti sono i primi, timidi segnali di una rivoluzione televisiva che non tarderà a venire e che si manifesterà compiutamente, oltre che su IPTV (Internet Protocol Television), tramite nuovi apparati televisivi (Connected TV)[33] e decoder evoluti (Over The Top TV).[34] Queste evoluzioni porteranno a nuovi concetti di televisione, fortemente influenzati dal web e identificabili principalmente nella *participation tv* (condivisione dell'esperienza televisiva) e nella *user generated tv* (creazione e scelta del contenuto).

Generalmente su internet, di fianco alla trasmissione, che può avvenire tramite *streaming web* tradizionale o grazie agli strumenti di livestreaming successivamente descritti, viene data la possibilità agli utenti di interagire via chat. Twitcam, ad esempio, è un servizio che permette d'intrecciare in maniera veloce una diretta video con un sistema di chat costruito tramite Twitter; la base logica (video e chat) è costituita in questo caso da componenti particolari: user generated livestreaming e microblogging.

Modificando di poco le componenti, il *concept* non cambia, ma gli effetti sì. Nel gennaio 2009, durante l'inaugurazione della nuova presidenza statunitense, CNN e Facebook hanno ideato un evento online in cui si incrociava una diretta web con la *timeline* del popolare servizio di social networking (*fig. 6.19*). Sfruttando posizioni predominanti nei rispettivi mercati (informazione e social networking) e l'occasione di un grande evento mondiale, i due player sono riusciti rispettivamente a diffondere in maniera virale la propria di-

---

[32] Fonte: Nielsen, "Global Faces and Networked Places", marzo 2009.

[33] Le Connected TV sono televisori con connessione a internet.

[34] Si tratta di un modello televisivo costituito da contenuti trasmessi dalla Rete tramite appositi set-top box e indipendentemente dal fornitore del contratto internet.

Figura 6.19 **Evento in live streaming organizzato da CNN e Facebook**

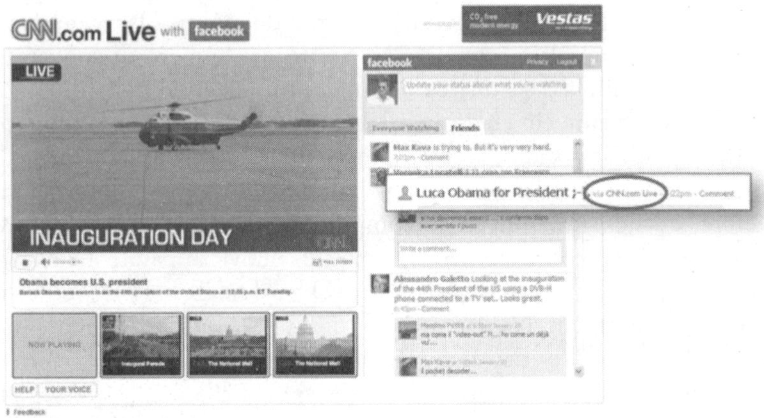

retta dell'evento e a promuovere la piattaforma di social networking conosciuta anche tra le fasce di utenza meno avvezze all'uso del pc.

In pratica la chat multiutente posta di fianco allo streaming video è stata creata utilizzando gli status update di Facebook. Erano presenti due *tab* di chat: una relativa al proprio network di contatti e una aperta a tutti gli utenti connessi all'evento. Ciascun aggiornamento inserito da questa finestra veniva riprodotto automaticamente anche su Facebook con link di provenienza che tendeva alla diretta video. In questo modo è stato generato un effetto virale in grado di coinvolgere molti utenti e di generare più di 200.000 status update taggati CNN.com Live.

I numeri diffusi, una volta conclusosi l'evento, sono stati:

- un milione di persone ha aggiornato il proprio status update di Facebook da CNN.com Live;
- una media di 4.000 status update al minuto durante la diretta;
- 8.500 status update al minuto non appena Obama ha iniziato il suo discorso;
- la pagina di Facebook di Obama ha raggiunto più di 4 milioni di fan e più di 500.000 *wall post*.

Figura 6.20 **"Le Web" 2009 su Web e iPhone**

Un altro caso di participation tv è stato realizzato dagli organizzatori di un convegno annuale noto nel settore internet, "Le Web", che per l'evento del 2009 dedicato proprio al tema del Real-Time Web hanno reso multicanale la trasmissione e la partecipazione (*fig. 6.20*). Oltre all'accesso da browser del pc era infatti possibile connettersi alla diretta da iPhone e contribuire al flusso di commenti *live*, con una qualità di fruizione e una semplicità d'utilizzo impressionanti.

Cambiando la tipologia di broadcaster rispetto a questo caso, si arriva a un altro genere di televisione, straordinariamente innovativa e rivoluzionaria: quella di Livestream e Ustream, ovvero la user generated tv. I due servizi web sono stati progettati per fornire uno strumento di livestreaming professionale a un'utenza composta da gente comune. In pratica, grazie a un pc, a una webcam e a una connessione internet un *prosumer*[35] può trasmettere in diretta mondiale dal proprio blog o social network; inoltre la chat realizzata con gli status

[35] Termine generato dalla contrazione delle parole *producer* e *consumer*.

update di Twitter o Facebook e una serie di altre funzionalità permette di creare agevolmente conversazioni in parallelo al flusso video. Nel caso di Livestream si riesce a valorizzare il lavoro di presentatori e produttori, semplificandone la collaborazione; il servizio infatti consente di selezionare e mandare in onda velocemente una diretta, spezzoni preregistrati o video di YouTube. In altre parole è possibile trasmettere da una webcam (o dal cellulare utilizzando il servizio integrato, fornito da Qik), mentre un collaboratore dall'altra parte del mondo costruisce il palinsesto definendo i video successivi.

Si pensi agli effetti che può generare il trasferimento di queste logiche sulla televisione e quindi la fruizione tramite gli apparati tradizionali di contenuti liberamente prodotti dagli utenti: le Connected TV (es. gli ultimi televisori Samsung integrano gli Yahoo! TV Widget per la fruizione di contenuti internet) e le Over The Top TV (es. CuboVision di Telecom Italia, set-top box lanciato nel dicembre 2009) sono dietro l'angolo e presumibilmente già dal 2010 tutto questo potrebbe diventare realtà.

Se da un lato questi strumenti impatteranno quasi sicuramente sulla tv tradizionale, dall'altro rimane da chiedersi se non influiranno già da prima sulle scelte comunicative delle imprese. Sempre più organizzazioni fanno leva sul potere degli strumenti del web sociale per organizzare eventi online istituzionali o formativi, in grado di aumentare sensibilmente l'audience e, allo stesso tempo, ridurre i costi. Questi mezzi forniscono un ambiente comune per acquisire una quantità di pubblico maggiore rispetto a quello di un evento tradizionale e per abilitare nuovi canali interattivi tra i partecipanti, gli *speaker* e i *trainer*.

In questo scenario le conversazioni rappresentano il fulcro dei nuovi servizi descritti, perché intorno a esse vengono innestati una serie di utilizzi per migliorare la *user experience* dell'utente e portare sulla tv i mondi web e *mobile* in maniera convergente e *seamless*.

7. Marketing conversazionale: la parola alle aziende

La parola Web 2.0 nasconde dietro di sé una serie di paradigmi, strumenti e modelli di business ancora tutti da scoprire e da sfruttare pienamente in ambito aziendale. Molte organizzazioni stanno ancora riflettendo sull'effettiva necessità dei social media. Altre, ormai consce delle potenzialità che il Web 2.0 offre e dell'applicabilità dei relativi strumenti in ambito business, vogliono iniziare a sperimentare.

Nel frattempo alcune, particolarmente innovative, hanno già iniziato a constatare che i processi di social networking possono effettivamente migliorare quelli di business, sia sul piano organizzativo-gestionale, sia su quello commerciale. A tal proposito Olivier Blanchard immagina che per il 2010 «i social media cesseranno di essere una componente aggiuntiva del programma di marketing e cominceranno a spostarsi verso un modello di business reso pienamente operativo e integrato»[1].

In questo capitolo vengono riportate le interviste ad alcuni dirigenti di realtà italiane appartenenti a settori eterogenei che hanno fortemente creduto nel Web 2.0 e nel Real-Time Web tanto da dedicargli risorse e investimenti. Reply, Hoepli, Barilla e Webank presentano rispettivamente una *case history* rilevante per ognuna delle 4C descritte nei capitoli precedenti: Community, Controllo, Creatività e Conversazioni.

---

[1] Fonte: Olivier Blanchard, contributo all'interno dell'e-book "Marketing in 2010. Social media becomes operational", a cura di Valeria Maltoni (http://tinyurl.com/y8vp2gn).

Intervista a Tatiana Rizzante

Amministratore delegato del Gruppo Reply

Reply è una società di consulenza[2] specializzata nella progettazione e nell'implementazione di soluzioni basate sui nuovi canali di comunicazione e media digitali. Costituita da un modello a rete di aziende altamente specializzate, Reply affianca i principali gruppi industriali europei appartenenti ai settori telco & media, energy & utilities, industria e servizi, banche e assicurazioni e pubblica amministrazione nella definizione e nello sviluppo di modelli di business abilitati dai paradigmi del Web 2.0 e della convergenza. Reply si è contraddistinta per essere stata una delle poche aziende italiane, se non l'unica, a partecipare al Web 2.0 Expo di Berlino e San Francisco,[3] presentando soluzioni innovative e particolarmente apprezzate dai mercati internazionali.

Nel 2006, l'azienda ha iniziato a sentire l'esigenza di creare e utilizzare internamente una piattaforma di social networking che potesse sfruttare i vantaggi dei modelli d'interazione spontanea che stavano emergendo sulla rete per dare un nuovo impulso alla condivisione e alla collaborazione interna. Lo scambio di conoscenza e il lavoro di squadra sono infatti fondamentali in una società di consulenza e soprattutto in un contesto a elevato tasso di crescita. Nasce così TamTamy, piattaforma che in poco più di un anno rafforza l'identità aziendale del Gruppo Reply e abilita nuovi percorsi collaborativi volti alla nascita di gruppi di lavoro spontanei basati su competenze condivise.

Visto il successo interno, ben presto la soluzione viene utilizzata anche nella gestione dei rapporti con i clienti: in concomitanza di alcuni importanti avvenimenti aziendali, TamTamy si è dimostrata essere un'adeguata piattaforma di gestione di eventi online, capace di creare interessanti conversazioni durante la trasmissione e stimolare un approccio partecipativo.

---

[2] I servizi di Reply includono consulenza, system integration, application management e business process outsourcing.

[3] Edizioni 2007, 2008, 2009.

Figura 7.1 **Modello di participation tv creato da Reply in occasione del Web 2.0 Expo 2009**

Tatiana Rizzante, amministratore delegato del Gruppo Reply, ha fortemente creduto in questi progetti tanto da rappresentare quotidianamente un utente attivo della piattaforma interna.

L'utilizzo della soluzione come intranet evoluta ha dimostrato la capacità di Reply d'interpretare in maniera corretta la prima delle 4C descritte nel libro, ovvero il concetto di Community. L'adattamento di TamTamy a piattaforma per la realizzazione di eventi aziendali online ha consentito invece di sfruttare i vantaggi dati dalle conversazioni generate grazie al modello di participation tv descritto nel capitolo 6.

Infine la società di consulenza, grazie a un deciso *commitment* del top management, ha saputo far tesoro di nuove tecnologie e paradigmi, quale quello del Software-as-a-Service (SaaS) descritto nel capitolo 4, per introdurre sul mercato italiano innovativi modelli di business, capaci da un lato di ridurre sensibilmente i costi e i tempi di start-up di nuove community e dall'altro di focalizzare il proprio *core business* sui servizi offerti alle aziende e non sulla loro modalità di erogazione.

Le parole di Tatiana Rizzante possono aiutare a comprendere il processo di evangelizzazione intrapreso in Reply, volto alla costruzione di una community interna che condividesse non solo valori e cultura aziendale, ma anche esperienze e competenze finalizzate al consolidamento di una visione comune del mercato e della relazione con il cliente.

Cosa intende con il termine Web 2.0?

Il fenomeno Web 2.0 rappresenta un trend importante della Rete che si esprime tramite nuovi approcci e tecnologie in grado d'influenzare sensibilmente alcuni processi aziendali. Sotto il profilo puramente organizzativo, l'Enterprise 2.0 – ovvero il Web 2.0 applicato in azienda – interpreta un insieme di approcci che permettono all'interno delle aziende l'emergere della collaborazione, dell'intelligenza collettiva e della condivisione di conoscenza comunemente tacita; all'esterno, l'uso di piattaforme che aggregano innovativi strumenti nati su internet consente invece di migliorare le relazioni tra le aziende e i propri fornitori e clienti.

Relativamente alla tecnologia questo fenomeno interessa strumenti innovativi come wiki, blog, social network e nuove soluzioni architetturali come il cloud computing, cioè l'utilizzo di risorse (capacità computazionale e *storage*) distribuite, e le RIA (Rich Internet Application), applicazioni web che garantiscono una migliore *user experience*. L'adozione e l'integrazione di tali strumenti passa sempre di più attraverso il modello Software-as-a-Service, ovvero l'erogazione di software nativi sotto forma di servizio, ovviamente via web.

Secondo lei, quali sono i benefici che le società possono ottenere da questo fenomeno che sta sempre più presentandosi come un trend di mercato?
Il primo obiettivo è una circolazione e una gestione più efficiente dell'informazione utilizzando strumenti collaborativi come file sharing e wiki.

La creazione di nuovi canali di comunicazione e di nuovi spazi di condivisione permette di mantenersi costantemente aggiornati e di conservare le condizioni basilari per competere sui mercati. Le tecnologie collaborative consentono di raggiungere questi propositi, ma per ottenere dei benefici ad alto valore aggiunto è necessario prepararsi a un'evoluzione culturale e organizzativa. Il social networking aziendale con una base ampia e una solida partecipazione può rappresentare un veicolo importante per generare attitudine all'innovazione, ma solo se l'azienda riesce a superare alcuni vincoli culturali e le classiche resistenze al cambiamento.

Inoltre, per rincorrere una sempre più frenetica evoluzione tecnologica e mantenere una posizione di vantaggio rispetto al mercato, le aziende iniziano a sentire l'esigenza di aprire i propri confini stabilendo una conversazione trasparente e vantaggiosa non solo con il personale, ma anche con i clienti, i fornitori e i partner. In uno scenario in cui le imprese devono saper agire con flessibilità, adattando quasi in tempo reale la propria struttura ai mutamenti, acquisisce una notevole rilevanza la capacità di interagire rapidamente e in modo attuale con il mercato.

L'incremento dei canali interattivi a disposizione dei clienti sta inesorabilmente amplificando il fenomeno del *word-of-mouth* (passaparola). Oggi internet mette a disposizione uno spazio comune per lo scambio di pareri e la verifica della credibilità di un'azienda.

Quest'ultima può interagire con un nuovo cliente tramite una strategia web basata sul dialogo e coltivare i rapporti con gli attuali clienti sulla base di valori condivisi, quali l'onestà e la fiducia. Le aziende che si basano su questo approccio hanno la possibilità di incrementare le opportunità di vendita, poiché i clienti e i loro amici scelgono prodotti e servizi basandosi sulla credibilità che le aziende si sono guadagnate in Rete.

Perché in Reply si è deciso di realizzare e utilizzare una piattaforma Enterprise 2.0?
Reply è un'azienda a rete, cioè un gruppo composto da un insieme di società; comprende circa 3.000 persone distribuite su tre paesi: Italia, Germania e Inghilterra. Conseguentemente, la necessità di avere delle soluzioni e dei meccanismi, sia gestionali sia tecnici, che consentano di fruire rapidamente di informazioni all'interno della rete è vitale, soprattutto perché Reply rappresenta una "società di conoscenza".

La ragione fondamentale che ci ha spinto a realizzare una piattaforma di social networking è nata dalla necessità di abbattere le barriere cross-azienda e dal desiderio di rendere maggiormente trasparente la comunicazione interna, tramite un libero scambio di informazioni tra le persone. Le comunicazioni non vengono imposte a priori (*top-down*), poiché è la nostra piattaforma collaborativa a far emergere automaticamente le modalità d'interazione più consone a partire dalle conversazioni tra le persone (*bottom-up*). Sentivamo l'esigenza di mettere a loro disposizione un nuovo mezzo relazionale, che si affiancasse a quello più tradizionale di knowledge management, ma che fosse meno strutturato e più dinamico. In questo modo sarebbe stato possibile supportare la nascita di flussi comunicativi paritetici, che prescindessero dai livelli gerarchici e che stimolassero innovative modalità di condivisione delle informazioni. Inoltre, essendo il capitale umano e intellettuale il *core asset* delle nostre attività, il tentativo di tracciare la conoscenza tacita, aumentando il livello di collaborazione su tematiche rilevanti per l'azienda, avrebbe potuto indubbiamente giovare al business.

TamTamy è una piattaforma nata con questi intenti e su questi intenti ha fondato e definito alcuni principi:

- *nessun vincolo di accesso*: la piattaforma è democratica e trasparente, senza le classiche gerarchie di regole su chi può vedere cosa. Tutti possono pubblicare, condividere, votare e commentare contenuti;
- *autogestione da parte degli utenti*: un gruppo ristretto di persone, che corrisponde agli *heavy user*, assume spontaneamente il compito di monitorare la validità e la correttezza dei contenuti pubblicati, segnalando quelli non idonei; questo meccanismo funziona proprio perché rende estremamente facile e trasparente la moderazione.

Quali sono i principali vantaggi percepiti dal top management a più di due anni dall'introduzione di TamTamy in Reply?
In poco più di due anni, non solo si sono verificate quelle attività di auto-regolamentazione proprie delle community, ma sono nate anche collaborazioni spontanee preziose per l'azienda. Si sono generate ad esempio iniziative a valore aggiunto e funzionali al business, come la partecipazione all'Android Developer Challenge, concorso internazionale per la realizzazione di applicazioni *mobile* indetto da Google nel 2008; tutto questo grazie al supporto di specifici strumenti come blog, wiki e altri mezzi d'interazione integrati in TamTamy che hanno permesso l'aggregazione spontanea in base alle competenze e al costante aggiornamento sulle tematiche di interesse.

Gli utenti di TamTamy hanno segnalato in tempo reale le novità più rilevanti del mondo ICT, scambiandosi spesso gli inviti alle anteprime di servizi web. Io stessa ho condiviso molte informazioni importanti per il futuro della nostra azienda, come in occasione dell'acquisizione, da parte di Reply, dell'ex Centro Ricerche Motorola di Torino nel gennaio 2009. Contemporaneamente, la crescita e l'alternarsi di differenti tag di contenuto all'interno della tag cloud aziendale ha sempre dato evidenza degli argomenti di maggior interesse e ha rappresentato un punto di accesso privilegiato ai più importanti trend, avvenimenti e novità del nostro settore. La piattaforma ha anche permesso al top management di percepire le diverse esigenze delle persone e ci ha dato la possibilità di far emergere "esperti" aziendali che potessero aiutare nella risoluzione di problemi specifici.

Insomma, TamTamy in questi due anni ha rappresentato un punto d'incontro, di scambio e di arricchimento reciproco, ma anche semplicemente un luogo dove ritagliarsi il proprio spazio.

In ottica esterna, quali sono stati i risultati ottenuti da una gestione di eventi online tramite un approccio partecipativo? La preventiva introduzione di piattaforme di condivisione in azienda ha garantito una preparazione comune delle persone nelle fasi di approccio e proposizione al mercato?

Abbiamo realizzato tre diversi eventi online grazie a TamTamy, ognuno con finalità diverse (presentazione di un prodotto, seminario specifico e lancio di una nuova società del Gruppo). Se l'organizzazione di convegni o eventi tradizionali non sempre ci ha consentito di avere dei ritorni significativi sull'investimento, gli eventi online ci hanno permesso una sensibile riduzione dei costi organizzativi e logistici.

Non solo: ci siamo accorti che gli strumenti conversazionali incrementano il valore e l'efficacia di un evento online, abilitando innovative forme di comunicazione. Il grande livello di interattività di tali strumenti ci ha permesso infatti di generare conversazioni di valore tra audience e speaker.

I partecipanti hanno effettuato l'accesso grazie a un profilo personale a cui era associata una *presence* visibile a tutti gli utenti online; hanno interagito tra di loro via instant messaging o tramite strumenti integrati con i principali social network, come Twitter; hanno consultato il materiale pubblicato, commentandolo; si sono infine confrontati con gli speaker, partecipando alla sessioni di Question& Answer alla fine di ogni intervento.

Anche per gli eventi online, come negli altri casi di utilizzo di strumenti sociali per la relazione con i clienti, l'innovazione esterna passa necessariamente per quella interna. Nel corso di queste esperienze ci siamo accorti che se le persone non sono a conoscenza dei nuovi trend, non hanno fatto pratica con i nuovi strumenti, non hanno sperimentato nelle attività di tutti i giorni i vantaggi derivanti dai nuovi paradigmi, non potranno interagire adeguatamente con il mercato, sia in termini di capacità di utilizzo sia di promozione degli strumenti in esame.

A livello organizzativo, quali strategie e attività operative ritiene debba prevedere un'azienda che voglia utilizzare i social media nell'ambito delle relazioni con gli stakeholder, siano essi interni o esterni?
Introdurre in azienda innovazioni di questo tipo non può prescindere dal valutare e ponderare adeguatamente ogni mossa, inquadrandola in una visione strategica comune. Se l'innovazione tecnologica deve coesistere con vecchi approcci organizzativi, il risultato può solo essere un dispendio di risorse e investimenti. È importante focalizzarsi non tanto sulle nuove tecnologie, ma sulle loro potenziali conseguenze in relazione agli attuali processi di business: come creare dei luoghi online in cui gli utenti possano scambiare pensieri e idee, il cui risultato sia di maggiore valore rispetto alla semplice somma dei contributi individuali? In che modo tali luoghi possono integrarsi con le strategie e gli attuali modelli di business e quali attori aziendali è necessario coinvolgere?

Trovare risposta a queste domande, interpretando in maniera corretta le nuove dinamiche introdotte in azienda dal fenomeno Web 2.0, vuol dire sicuramente prevedere un cambio di paradigma nel tradizionale sistema di relazioni interno ed esterno. Un rischio che intravedo è il *gap* che si potrebbe venire a creare tra nuove e vecchie generazioni: questo rapporto va monitorato e gestito al meglio, comprendendo a fondo l'importanza del fenomeno e sostenendolo intensamente durante il suo progressivo ingresso in azienda.

Reply è stata tra le prime società in Italia a credere nel modello del Software-as-a-Service. Quali sono i principali vantaggi che offre questo nuovo approccio e quali le effettive esperienze? In che modo il SaaS può venire incontro alle esigenze delle piccole e medie imprese?
Per i prossimi anni crediamo in una forte accentuazione del modello di fruizione della tecnologia come servizio, trend già registrato negli ultimi mesi, complici le forti esigenze di ridurre complessità e controllo dei costi. Con TamTamy siamo stati tra i primi in Italia a proporre un software di social networking aziendale a servizio rispondendo a una crescente domanda del mercato. A tal riguardo abbiamo deciso di scindere i due progetti: il network interno, che continua a vivere in modalità *on-premises*, e il progetto pubblico, cioè l'attuale TamTamy.com che mediante un approccio SaaS ha

l'obiettivo di semplificare l'accesso alla tecnologia abilitante e ai relativi servizi professionali a chiunque voglia ripetere l'esperienza di Reply.

Grazie a questo progetto ci siamo resi conto che il Software-as-a-Service permette una semplice introduzione in azienda di modelli di social networking adattabili alle singole linee di business. In molti casi il dipartimento dei Sistemi Informativi è ancora focalizzato sulla gestione delle *operations* e difficilmente riesce ad avere quel ruolo strategico necessario per realizzare processi di trasformazione. Spesso tali processi partono appunto dalle singole linee di business o da dipartimenti come il Marketing e le Vendite, che hanno bisogno di modelli flessibili, sempre più *web-based*, per supportare le strategie d'innovazione della propria funzione.

L'approccio SaaS rappresenta un'evoluzione rispetto a quello ASP (Application Service Provider). Il SaaS offre un'erogazione *one-to-many* attraverso un'architettura centralizzata che fornisce il medesimo servizio tramite personalizzazioni realizzate sulla base delle specifiche esigenze.

Tra i vantaggi per le aziende vi è sicuramente il fatto di non doversi più preoccupare dell'hosting, a carico del fornitore del servizio insieme agli aspetti legati a sicurezza, scalabilità, disponibilità e aggiornamento del software. In questo modo si possono abbattere notevolmente i costi complessivi a vantaggio del servizio erogato, che può essere distribuito a prezzi competitivi anche alle piccole e medie imprese, con offerte *pay-per-use* e in tempi di start-up immediati: si vanno così a soddisfare le esigenze della cosiddetta Coda Lunga della collettività imprenditoriale.

Che consigli si sentirebbe di dare a un imprenditore che vuole provare a introdurre soluzioni di questo tipo in azienda nell'ottica di un miglioramento dei processi di marketing?

Le comunità online, siano esse interne o esterne, stanno assumendo un'elevata rilevanza perché potenzialmente sono in grado di rendere partecipativa la maggior parte dei processi aziendali. E ciò è possibile con costi ridotti e in tempi molto rapidi, impensabili fino a qualche anno fa. A mio modo di vedere, l'introduzione di un processo innovativo come quello in questione, anche se relativo ad attività di marketing, deve inesorabilmente passare per un'evoluzione interna. Se è vero che il top management deve intraprendere un vero e proprio percorso strategico per ridefinire le modalità d'interazione con i clienti, allo stesso tempo è necessario che venga avviato un piano interdisciplinare interno per allineare, coordinare e applicare il tutto in maniera efficace.

Qualsiasi progetto legato alla Rete, visti i potenziali impatti che può provocare, dev'essere introdotto a piccoli step, con una fase pilota. Inoltre, l'azienda deve supportare con la tecnologia adeguata i singoli dipendenti in quanto essi sono parte integrante e promotori del cambiamento. Utilizzare gli stessi strumenti che il cliente usa prima di prendere decisioni online permette di comprendere a fondo le dinamiche delle comunità e le nuove modalità d'interazione con il mercato: le persone, e non l'azienda, devono essere in grado di rispondere sulla base di conversazioni individuali e non di comunicazioni aziendali.

Intervista a Matteo Ulrico Hoepli

Fondatore e General Manager di Hoepli.it, La Grande Libreria Online

La famosa casa editrice, fondata a Milano nel 1870 da Ulrico Hoepli, gestisce, oltre alla "Libreria Internazionale Hoepli" situata nel centro di Milano e comprensiva di un assortimento di oltre 500.000 libri italiani e stranieri, la "Grande Libreria Online Hoepli", raggiungibile all'indirizzo www.hoepli.it.

Hoepli.it ha visto aumentare esponenzialmente i visitatori dai 300.000 del 2005 agli oltre 10 milioni del 2009. Nel 2008 e nel 2009 le vendite online annuali hanno ottenuto un trend di crescita di oltre il 30 per cento. Il team di dipendenti dedicato al ramo internet dell'azienda è lievitato da 2 a 25 unità nel giro di quattro anni. Il sito Hoepli.it viene aperto il 1° luglio 2005 e già riscontra i primi successi. Nei primi tre anni il digital store si concentra sulla qualità del servizio: nonostante l'omonima libreria si trovi sempre a Milano, sono i cittadini di tutta Italia gli acquirenti di libri online, visto che l'acquisto risulta essere pratico, veloce ed economico.

Figura 7.2 **Dettaglio di un libro su Hoepli.it**

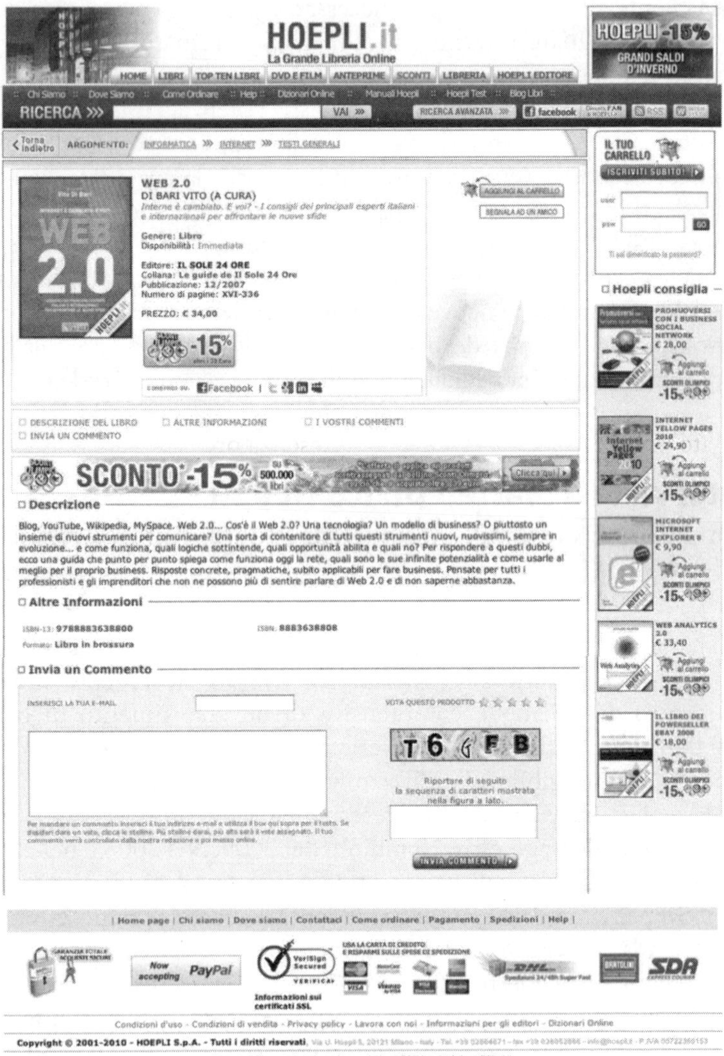

Ma il successo di Hoepli.it si basa soprattutto sul fenomeno della Coda Lunga – descritto nel capitolo 4, in cui si parla della seconda delle 4C, il Controllo. Il 70% dei libri più richiesti è infatti a copia unica: si tratta di libri di nicchia, di cui magari viene venduta una sola copia all'anno, ma il loro ammontare complessivo consente di raggiungere volumi di vendita rilevanti. Inoltre, spesso gli studi di professionisti, ingegneri, architetti o avvocati ordinano diverse copie di specifici manuali.

Sono oltre un milione i libri venduti online attraverso il sito Hoepli.it. Il merito di questo successo lo si deve principalmente a Matteo Ulrico Hoepli, *owner* e quinta generazione dell'omonima azienda. Con il sito Matteo Ulrico Hoepli ha realizzato uno dei casi di maggiore successo in Italia per velocità di crescita di un sito internet. Nel corso degli ultimi quattro anni ha infatti contribuito alla trasformazione della società da realtà locale fortemente radicata sul territorio a leader del settore a carattere nazionale. Questo risultato è stato possibile anche grazie a una presenza online sostenuta da diverse iniziative:

- *direct e-mail marketing*: grazie a una newsletter con oltre 350.000 iscritti, Hoepli mantiene un contatto costante con i propri clienti, orientato alla fidelizzazione e alla promozione di alcuni punti chiave della propria offerta web (diversificazione e rapidità di consegna);
- *blog*: il rapporto con gli utenti viene coltivato tramite due blog paralleli, presenti su due differenti URL (http://bloglibri.hoepli.it e http://leggendolibri.areablog.it) ma con lo stesso titolo ("Leggendo Libri"). I blog forniscono quotidianamente recensioni e il primo è alimentato dallo stesso Matteo Ulrico Hoepli;
- *presenza sui social network*: infine la presenza su Facebook consolida la volontà da parte della dirigenza di iniziare a costruire un'interazione con i propri clienti e lettori, con una grande attenzione ai feedback ricevuti.

I propositi di Matteo Ulrico Hoepli per i prossimi anni possono aiutare a comprendere come l'azienda voglia sfruttare appieno i vantaggi offerti dai nuovi trend della Rete.

Il mondo dell'editoria è in profondo cambiamento. Secondo lei quali vantaggi può trarre questo settore dai paradigmi del Web 2.0?
Le ultime evoluzioni della Rete e in particolare i cambiamenti generati dal Web 2.0 hanno provocato due rilevanti novità nel settore dell'editoria. Prima di tutto è più semplice trovare un'opera, anche nel caso in cui questa sia particolarmente rara. Ad esempio internet potrebbe permettere di individuare facilmente un libro riguardante una guerra giapponese del Seicento, scritto da uno storico vietnamita e pubblicato in Africa: in Rete, infatti, svaniscono i classici limiti temporali e spaziali. Internet diventa inoltre importantissima per reperire informazioni e i libri sono fondamentalmente informazioni; in tal senso anche un racconto è un insieme di dati che va dall'autore verso tutti i lettori.

Un secondo impatto sul mondo dei libri è legato in particolare alla possibilità di conversare, discutere e giudicare queste informazioni con chiunque nel mondo tramite diversi blog e social network. Non solo si può acquistare un'opera introvabile quindi, ma la si può anche commentare con altre persone interessate a quello specifico argomento: in questo modo si va oltre la tipica fisicità del libro, estendendolo concettualmente grazie alle conversazioni dei lettori. Non per niente i libri online si vendono benissimo.

In che modo Hoepli.it vive il fenomeno della Coda Lunga? Avete previsto un motore di recommendation?
La proposizione editoriale di Hoepli è a forte tradizione manualistica. Hoepli ha acquisito notorietà nel corso degli anni come libreria internazionale in grado di offrire testi specialistici e difficili da reperire. Con Hoepli.it abbiamo tentato di trasferire questa nostra peculiarità sull'online sfruttando tecnologie, algoritmi di raccomandazione e motori di ricerca che potessero valorizzare e far emergere tale caratteristica. I risultati ottenuti sono frutto di questa strategia: Hoepli realizza infatti il 70% delle vendite su testi di *reference*, ovvero libri di nicchia, distribuendone anche alcuni a copia unica nel corso di un anno.

"Hoepli Consiglia" è un motore di raccomandazione non profilato sull'utente che propone tutto ciò che è pertinente rispetto al singolo *item*. Questo algoritmo, seppur efficace, è leggermente meno complesso rispetto a quello di Amazon, che realizza invece un'analisi comportamentale. In pratica Amazon considera le correlazioni che si vengono a formare tra due testi (o tra *item* eterogenei come un libro e un DVD) che apparentemente non sembrano c'entrare l'uno con l'altro e crea delle segmentazioni di prodotti in base a questi parametri.[4] Stiamo lavorando a un miglioramento del nostro motore di raccomandazione in tal senso, anche se i risultati che otteniamo sono già ottimi, specie per l'importanza che assume tale motore all'interno del nostro digital store. Ad esempio abbiamo integrato i nostri dizionari online fruibili gratuitamente con il motore di recommendation: con questo *concept*, unico al mondo, nel momento in cui offriamo un servizio di valore che promuove il brand e la vendita dei dizionari online e offline, riusciamo anche a proporre al cliente prodotti che siano attinenti alla parola cercata; inoltre ogni posizione della lista di libri che proponiamo ha delle regole studiate *ad hoc*. Nel 2010 renderemo fruibili i dizionari online anche via *mobile*, presumibilmente tramite un'applicazione per iPhone.

Parlando del caso Amazon, è inevitabile chiederle quale sia la vostra strategia relativamente al mercato degli e-book?
Anche in questo caso la nostra forte vocazione manualistica ci viene incontro. La fruizione di opere in formato digitale è ideale per i testi più tecnici, soprattutto se si può spacchettizzare il contenuto. Oltre alla *preview* di un libro (introduzione visualizzabile e scaricabile), disponibile attualmente anche attraverso Google Books, nel 2010 Hoepli.it rilascerà un servizio di vendita di e-book o singoli capitoli di questi ultimi. Tali *item* saranno scaricabili in formato XML e pdf (protetti rispettivamente da DRM e Adobe Acrobat Professional), fruibili in due o tre copie tramite iPhone ed e-book reader (non vincolati, contrariamente al Kindle di Amazon). Stiamo integrandoci con un'unica piattaforma di *back office* protetta e gestita da un fornitore centrale, mentre il *front office* sarà costituito da un'evoluzione dell'attuale digital store.

---

[4] Si noti come l'individuazione di cluster di individui risulti molto più dinamica rispetto a quella fornita dai classici modelli di segmentazione del mercato, ormai poco coerenti con l'estrema volatilità delle abitudini dei consumatori (si veda anche la nota 1 nel capitolo 4).

Questo scenario permette a una qualsiasi persona di leggere un libro o un suo capitolo sempre e ovunque e di commentarlo istantaneamente in Rete. Tutto ciò risponde alle esigenze sempre più marcate di fruire e commentare contenuti quasi in tempo reale.

Dal punto di vista dei motori di ricerca, quali sviluppi avete realizzato? È vero che il motore di ricerca Booxster.it, integrato anche nel sito, ha un algoritmo realizzato da lei?
Come per il motore di raccomandazione di Hoepli.it, anche quello di ricerca integrato (reperibile anche all'indirizzo www.booxster.it) è stato disegnato direttamente da me e utilizza un algoritmo a venti variabili. L'algoritmo di Booxster è leader di mercato nella ricerca dei libri e questo è testimoniato dai fatti: cercando ad esempio la parola chiave "cocktail" si trovano 331 risultati; sul digital store di qualsiasi altra libreria online il numero di risultati è inferiore (su quello di un'altra nota libreria s'individuano solo 78 testi).

Oltre a una serie di logiche integrate, il nostro motore si differenzia dagli altri perché non effettua una ricerca limitandosi al titolo del libro, ma la estende al sottotitolo e ad ogni campo descrizione. Ma il vero punto di forza è stata l'attività di tagging di ciascun *item*, realizzata con il coinvolgimento di tutti i nostri 40 librai professionisti. Senza questa attività collaborativa di estremo valore, perché realizzata con dovizia di particolari, non avremmo raggiunto i risultati appena descritti.

Hoepli.it utilizza fortemente anche un motore esterno molto importante: Google. Visto l'elevato livello di fornitura di Hoepli, Google fornisce quasi sempre Hoepli.it come primo e unico venditore per i libri di nicchia. Il link al libro in taluni casi risulta essere anche l'unico risultato della ricerca. Booxster da un lato e Google dall'altro contribuiscono sensibilmente a sostenere la Coda Lunga del nostro digital store, aumentandone le vendite totali. Inoltre, nel caso in cui un utente cerchi un'opera particolarmente rara e quindi non disponibile a magazzino, il motore di raccomandazione è comunque pronto a fornire testi alternativi più o meno recenti. È ovvio che questo vale per i libri di nicchia.

Nel caso dei titoli di successo, i risultati forniti da Google sono variegati e confusi (librerie, blog, siti ecc.). Questo ci porta a dover comunque praticare attività di SEO in modo da ottimizzare i nostri risultati rispetto alla concorrenza e "al rumore" presente su internet. Infine, vista la confusione di risultati e la presenza di più propositori, funziona molto la pubblicità.

Che cosa ha spinto Hoepli ad aprire due blog e quali benefici avete percepito?
Nel 2006 abbiamo deciso di aprire un blog con le recensioni degli ultimi libri in uscita. Per quanto riguarda bloglibri.hoepli.it, è amministrato e redatto da me e da una serie di miei collaboratori: pertanto non si può considerare un vero e proprio CEO-blog, anche se scrivo parecchio. Il singolo post ci permette di costruire una conversazione attorno al libro recensito, rimandando a Hoepli.it per l'acquisto dell'opera o degli altri testi realizzati dallo stesso autore. Questo spazio costituisce per noi un punto d'incontro con i clienti ma soprattutto con i potenziali *prospect*, che vengono spontaneamente indirizzati al sito Hoepli.it per effettuare acquisti o alla pagina di Facebook per chiedere supporto. Il blog ha avuto fin da subito successo pur essendo molto di nicchia: da circa tre anni costituisce il primo risultato su Google ricercando le parole chiave "blog libri" e ha ormai raggiunto le 500 visite al giorno.

Questo risultato ha portato Fastweb a chiederci la riproduzione del medesimo blog sul loro portale. In questo caso i contenuti sono similari, ma con un numero minore di persone che vi scrivono.

La frenesia e la velocità delle conversazioni e del Real-Time Web è semanticamente concepibile come distante dal mondo della lettura e dei libri. Che insegnamenti avete tratto dall'esperienza intrapresa su Facebook e come intendete eventualmente estenderla su Twitter e FriendFeed?
Visto che il nostro business si svolge online, la strategia ci impone di monitorare ogni spazio di conversazione, ma anche di evitare il lancio di iniziative che poi non vengono seguite: la cosa peggiore è far partire un progetto online e poi abbandonarlo per incapacità o noncuranza nel gestirlo. Sebbene spesso ce lo si dimentichi, anche per questo tipo di attività è comunque necessario dedicare risorse e quindi fare investimenti.

In quest'ottica le conversazioni in real-time ci interessano, ma prevalentemente con l'approccio che stiamo seguendo su Facebook, che ci sembra essere la piattaforma con le più alte potenzialità nell'immediato futuro. In questo spazio abbiamo trovato persone affezionate al brand e quindi un'audience che vuole effettivamente conversare con noi. Facebook è un canale di comunicazione, di promozione, in cui nascono anche slogan di valore che si legano alla marca, creati dagli stessi utenti (es. "Non ci sono più scuse per non leggere tanti libri", "Finalmente un posto dove la cultura regna"). Inoltre questo strumento ci permette di mantenere una particolare attenzione ad ogni specifica richiesta dei clienti: dalle spedizioni alla ricerca di dettagli su un libro fino allo scambio di considerazioni sullo stesso. Ogni interazione è per noi di estremo valore perché risolve i problemi correnti e migliora in generale il nostro servizio.

Relativamente agli altri canali in tempo reale, come Twitter e FriendFeed, sebbene siano interessanti, stiamo ancora definendo come approcciarli, anche in ottica congiunta rispetto a quanto finora realizzato.

Grazie ai blog e a Facebook, Hoepli sta iniziando a coltivare un dialogo con gli utenti basato sulla passione per i libri. Il triplice ruolo di libraio, editore e libreria online le consente di sfruttare alcune sinergie in termini di engagement rispetto a un brand storico. Quali altri strumenti utilizzate o prevedete di utilizzare per interagire con la clientela? Sulla base di queste peculiarità, è prevista la creazione di una vera e propria community che sfrutti la dicotomia tra un'identità offline fortemente radicata sul territorio e una presenza online in grado di traghettare la forza del brand oltre i confini territoriali?

Grazie ai blog e alla presenza su Facebook stiamo tentando di valorizzare la triplice identità di editore, libraio e libraio online del nostro brand. L'obiettivo è trasmettere in ogni relazione online una sensazione di positività e affidabilità che ci consenta di avere alla lunga un ritorno sull'immagine.

Oltre ai feedback positivi raccolti direttamente sulla nostra pagina di Facebook, esistono molti altri luoghi virtuali in cui si sviluppano conversazioni interessanti. Ad esempio monitoriamo molto Yahoo! Answer, sia ponendo domande, sia vedendo se qualcuno ha già posto quesiti o fornito risposte relative a Hoepli.it. In molti casi sono le stesse persone a indicarci come venditori conosciuti e affidabili, soprattutto coloro che hanno comprato fisicamente nella nostra libreria di Milano. Una pubblicità spontanea e disinteressata quindi, che ci limitiamo a esaminare e ad apprezzare.

In altri casi, se le risposte date dagli utenti non sono esaustive, interveniamo noi stessi "ufficialmente" rispondendo a quesiti o perplessità. C'è da sottolineare come il numero di domande relative al settore dei libri e degli acquisti online sia molto alto. Spesso la presenza di determinati quesiti ci consente di individuare alcune scelte strategiche o comunicative non adeguate e cambiarle prontamente. Ad esempio la considerazione "Hoepli.it ha un grande magazzino ma solo in italiano" (cosa non vera, vista la presenza di 150.000 titoli disponibili in inglese) ci ha permesso di capire che stavamo sbagliando qualcosa nella proposizione e nella relativa visibilità delle opere straniere: adesso, cercando un libro in italiano, viene proposta la stessa edizione anche in altre lingue; nei prossimi mesi realizzeremo una sezione del sito ben visibile per ogni lingua in cui raccogliere tutte le relative opere.

Tornando agli spazi online creati e gestiti da noi, stiamo pensando alla realizzazione di una community, con alcune dinamiche simili al social network aNobii. Il presupposto è generare conversazioni attorno a libri di nicchia, che attualmente aNobii non copre. L'intenzione concreta è di costruire uno spazio in cui gli utenti possano scambiare giudizi sui libri, consigliarli agli amici e votarli. Questi dati verranno elaborati da motori intelligenti che andranno poi a esporre informazioni rilevanti all'interno del digital store di Hoepli.it.

Il self-publishing è un nuovo strumento online che consente di pubblicare un libro e di definirne un prezzo con un markup libero rispetto al costo di pubblicazione; il fornitore del servizio provvede alla spedizione all'acquirente di ogni singola copia richiesta, garantendo allo scrittore il singolo markup definito inizialmente. Il self-publishing ha dato la possibilità a molti scrittori esordienti di pubblicare e commercializzare facilmente le proprie opere, in maniera bottom-up *e in pieno stile Web 2.0. Nel 2009 Hoepli ha attivato una collaborazione con Ilmiolibro.it, sito di self-publishing del Gruppo L'Espresso: quali sono le motivazioni di questa partnership?*

Il self-publishing è un fenomeno importante nel mondo dell'editoria. Sempre più persone vogliono diffondere le proprie idee, e spesso desiderano farlo proprio scrivendo un libro. Hoepli ha collaborato per due anni con Ilmiolibro.it per essere presente con il proprio brand anche in questo ambito. Ciò che concettualmente ci lega al self-publishing in termini commerciali è semplice: come ha detto Wilbur Smith in una recente intervista, per fare un bel libro bisogna leggere molto e saper scrivere bene. Per leggere libri bisogna comprarli e la ricerca di libri tradizionali su Ilmiolibro.it indirizzava l'utente verso Hoepli.it per via della partnership stipulata.

Inoltre questo sito di self-publishing ci è piaciuto fin da subito: incorpora al suo interno logiche di community orientate alla discussione tra esperti e veri appassionati di scrittura; in più i titoli pubblicati sono molto interessanti. In futuro potrebbe succedere che un libro di successo scritto da un utente possa essere pubblicato da noi. A tal proposito, più che monitorare direttamente i diversi libri pubblicati dagli utenti, ci aspettiamo che sia in generale la Rete a farli emergere in maniera naturale, come nel caso del libro *Web 2.0* di Luca Grivet Foiaia (2007), diffuso inizialmente su Lulu.com e successivamente pubblicato da noi.

Intervista a Eugenio Perrier e Pepe Moder

Direttore Brand Development di Mulino Bianco
e Head of Digital di Barilla

Non vi può essere alcun dubbio nel dire che Barilla, nota azienda alimentare, sia la prima società italiana ad aver applicato la teoria del "Kaizen esteso", descritta nel capitolo 4. "Nel Mulino che Vorrei", l'iniziativa per la co-generazione di idee con clienti e *prospect* lanciata nel marzo 2009, assume risvolti particolarmente innovativi e dopo qualche mese di attività riscontra un notevole successo. La community del Mulino Bianco, famoso marchio di Barilla, permette agli utenti di partecipare alla creazione di nuovi prodotti e servizi che poi possono effettivamente entrare a far parte delle iniziative commerciali dell'azienda; tutto questo senza alcun incentivo esplicito in termini di premi o di compensi in denaro, ma grazie alla forza trainante del

Figura 7.3 **Homepage "Nel Mulino che Vorrei"**

brand e al desiderio delle persone di sentirsene realmente partecipi, al punto da contribuire personalmente e ottenere un riconoscimento – per così dire – "morale". L'obiettivo è quindi quello di realizzare concretamente le proposte più votate dalla community se queste rispettano i valori, la missione e la visione del brand Mulino Bianco.

"Nel Mulino che Vorrei" rappresenta un *concept* che si concilia perfettamente con alcune teorizzazioni riportate in questo libro:

- la terza C relativa alla Creatività (descritta nel capitolo 5) diventa il presupposto per la creazione di nuovi prodotti e servizi. Creatività che nasce spontaneamente sia dalla passione dei dipendenti Barilla che si presentano in prima persona con nome, cognome, relativo ruolo e storia aziendale; sia grazie all'interazione con i clienti, stimolata spesso da vissuti dell'infanzia accomunati dalla presenza dei prodotti Mulino Bianco;
- le conversazioni attorno al brand e ai prodotti – che si generano principalmente su Facebook, ma anche su Twitter e FriendFeed – sono orientate a dare aggiornamenti autentici e trasparenti sull'andamento dell'iniziativa e quindi sullo stato delle idee proposte. I canali del Real-Time Web rappresentano degli strumenti di promozione dell'identità digitale, costituita dalla community e dai blog satellite che forniscono approfondimenti su argomenti specifici.

In nove mesi sono state raccolte circa 1.800 idee, 1.900 voti e 15.000 commenti. Il successo di questi numeri, unito agli oltre 17.000 fan su Facebook, lo raccontano Eugenio Perrier, direttore Brand Development di Mulino Bianco, e Pepe Moder, Head of Digital di Barilla, i quali hanno creduto fortemente nel progetto e hanno contribuito quotidianamente alla sua realizzazione. In questo caso è significativa la collaborazione tra il direttore Brand Development (area marketing) e il responsabile di un dipartimento più recente come quello dei New Media. In particolare l'area digital di Barilla interpreta perfettamente quel team interfunzionale descritto nel capitolo 5 nel paragrafo sul Chief Marketing Officer, che fa da snodo tra il management e i diversi attori interni coinvolti, si occupa delle attività sui social media e opera a stretto contatto con il marketing.

Quali potenzialità avete intravisto nei social media e quali casi aziendali vi hanno ispirato nella realizzazione dell'iniziativa "Nel Mulino che Vorrei"?

Perrier: L'osservazione da cui ha preso spunto il progetto è relativa alla forte spinta di cambiamento che la tecnologia, con in testa internet seguito dal *mobile*, ha dato ai comportamenti dei consumatori, anche in Italia, nel corso dell'ultimo decennio. I clienti e i *prospect* si sono infatti trasformati da attori passivi, che ricevono stimoli al consumo da parte delle aziende, in soggetti attivi, che si scambiano opinioni e suggerimenti, esprimono giudizi e li condividono con altri consumatori. In questo processo sviluppano un forte senso di interdipendenza che li rende consapevoli del mutato rapporto di forza rispetto alle marche (*powershift*) e che li stimola a partecipare in modo sempre più attivo alle conversazioni che si sviluppano in Rete. E in questo contesto la crisi economica non fa altro che rappresentare un acceleratore del cambiamento, generando modifiche rilevanti nei comportamenti d'acquisto, sempre più imprevedibili e poco orientati alla *loyalty*. Ecco allora che diventa sempre più importante creare una vera e genuina relazione con la propria base di consumatori, facendogli sentire la vicinanza della marca e l'importanza a loro attribuita. Le persone devono sentirsi realmente partecipi del percorso di crescita della marca (non solo in termini di fatturati, ma anche di identità e personalità), creando così le condizioni per un rapporto più autentico e diretto, che è poi alla base della costruzione di una relazione di fiducia reciproca.

Moder: Il concetto di "relazione" che ha introdotto Eugenio Perrier ha visto negli ultimi due anni alcuni esempi rilevanti, guidati da importanti aziende internazionali, che ci hanno permesso di studiare il fenomeno e avere spunti di riflessione per il posizionamento strategico del progetto "Nel Mulino che Vorrei". Mi riferisco a "My Starbucks Idea" (www.mystarbucksidea.com), di Starbucks, e a "Idea Storm" (www.ideastorm.com), di Dell. Quest'ultimo rappresenta proprio il paradigma dell'evoluzione della comunicazione e dell'interazione bi- e multidirezionale: da un post di un utente insoddisfatto all'interno di un forum a una protesta popolare nei confronti della bassa qualità dei prodotti Dell e una sostanziale mancanza di ascolto da parte di quest'ultima (2005-2007). Poi i primi tentativi di dialogo, fino ad arrivare a una completa apertura dell'azienda attraverso il progetto "Idea Storm", dove i clienti possono suggerire i miglioramenti di prodotto e di servizio.

Nelle diverse interazioni della community emerge la passione delle persone che lavorano e hanno visto crescere l'azienda. Come è avvenuto il loro coinvolgimento nel progetto specifico?

Perrier: Il coinvolgimento è avvenuto in modo del tutto naturale, visto che la maggior parte di queste persone lavorano nell'area marketing e hanno vissuto quotidianamente e in prima persona lo sviluppo dell'iniziativa; inoltre sono loro i diretti responsabili dei progetti che devono dare vita alle idee generate dalla community. Per la verità, da questo punto di vista di strada da fare c'è n'è ancora tanta. Il processo deve diventare più veloce nella capacità di reazione per arrivare più rapidamente alla realizzazione o anche alla bocciatura delle idee. Si deve agire in modo più proattivo, andando a cercare nelle pieghe del portale idee nuove, originali, diverse, che magari non sono state capite fino in fondo ma che invece meritano attenzione.

Esiste una squadra interfunzionale che s'interfaccia con gli utenti in Rete? Quali sono esattamente i dipartimenti coinvolti e come sono organizzati?

Moder: Il team digital ha dedicato una risorsa interna al progetto e una esterna, più focalizzata sulla raccolta dei contenuti e sulla loro strutturazione per la pubblicazione. Tutte le funzioni aziendali sono potenzialmente coinvolte, a seconda dell'idea proposta. Il fulcro dei progetti però rimane il Brand Development, che assegna ad ogni idea in esame un responsabile. Questa persona, insieme al Digital Manager, effettua una valutazione di fattibilità pratica della proposta. La persona esterna invece si occupa perlopiù delle relazioni di *front end*, non solo sul sito ma anche e soprattutto su Facebook e sugli altri social network, dove dialoghiamo costantemente con i nostri clienti. Per il progetto "Nel Mulino che Vorrei", la persona dedicata si occupa di evidenziare agli utenti che dialogano con noi le idee correlate a quanto scritto/proposto/domandato, in modo da creare un ponte permanente tra il progetto e i luoghi dove le persone naturalmente parlano.

Che funzione ha il blog presente all'interno dell'iniziativa?

Moder: Il blog serve a dare voce alle persone coinvolte all'interno di Mulino Bianco e vuole essere un diario aggiornato dell'andamento delle idee, delle loro valutazioni e delle realizzazioni. È una finestra aperta sulle attività del team di lavoro, dove spieghiamo le motivazioni che ad esempio hanno determinato il rigetto di una proposta, oppure diamo notizia dei vari stadi di realizzazione di un'idea *in progress*. Questo progetto è basato su un pilastro fondamentale: la trasparenza nei confronti delle persone. È un impegno che abbiamo deciso di prendere e di sostenere, poiché senza trasparenza non si costruisce credibilità. E la credibilità di una marca è alla base del dialogo con le persone.

L'altro obiettivo del blog è costruire un canale di comunicazione con i nostri clienti, in particolare con coloro che si sentono più vicini alla marca e che vogliono essere coinvolti perché la sentono come parte della loro vita. I dati dei partecipanti sono molto confortanti in tal senso: il loro profilo è in linea con quello dei nostri tradizionali acquirenti (gli uomini sono il 27,7%, mentre le donne rappresentano il 72,3%; l'età media è di 34,9 anni).

Il brand Mulino Bianco ha diverse fan page su Facebook, dedicate a specifiche iniziative e prodotti. Relativamente a "Nel Mulino che Vorrei" è stata integrata l'autenticazione con Facebook Connect ed è stata creata addirittura un'applicazione dedicata che ripropone le attività della community. Che vantaggi vi sta portando una forte presenza su Facebook?
Moder: Vogliamo coinvolgere un numero maggiore di persone, soprattutto quelle che oggi fanno coincidere la loro partecipazione alla vita digitale con il social network Facebook. L'applicazione è completamente integrata con la nostra piattaforma, ma il flusso di comunicazione spinge verso una partecipazione leggera, ossia focalizzata a votare e a commentare le idee, più che a proporne di nuove. Difatti, anche se la funzionalità di pubblicazione di una proposta è presente anche su Facebook, abbiamo ricevuto talmente tante e tali idee che vorremmo ora invitare le persone a scegliere e a migliorare quelle pubblicate, più che a presentare nuove proposte.

Sembra che le idee emergenti siano legate alla riproposizione di vecchi prodotti Mulino Bianco usciti per diverse ragioni dal mercato. Come pensate di conciliare le proposte delle persone (l'online) con gli effettivi obiettivi d'impresa (l'offline)?

Perrier: In effetti in questa prima fase si è assistito a una forte incidenza di idee alimentate da una certa vena nostalgica. Direi che sorprende solo in parte, visto che la maggior parte di coloro che hanno partecipato in maniera attiva sono dei veri fan della marca, di cui ovviamente amano non solo i prodotti attuali ma anche quelli che sono esistiti in un periodo importante della loro vita. Questo fenomeno, oltre tutto, testimonia ulteriormente il forte legame che è sempre esistito tra la marca, i propri prodotti o le promozioni, e le persone. Aprire le porte del Mulino Bianco in questo modo è stato un po' come ritrovare un caro amico con cui non si parlava da tempo e, come accade anche nella vita, di solito si ristabilisce il contatto attraverso il recupero dei ricordi delle esperienze avute insieme. Questa prima fase "aperta", secondo me, è stata molto importante proprio perché ha consentito di ristabilire una relazione. Doveva essere libera, non poteva cominciare in modo troppo indirizzato e interessato. È chiaro che dovrà evolvere nel tempo e prevedere un'estensione anche all'ingaggio su temi di sviluppo proposti da noi, sui quali si baserà la crescita futura di Mulino Bianco. Ci stiamo preparando a effettuare questo importante passaggio e ne prevediamo un'implementazione entro i prossimi mesi.

La promozione cross-mediale della community (tv tramite spot e web specialmente mediante Facebook), la sua innovatività e la forza del lovemark *Mulino Bianco, hanno permesso di ottenere fin da subito ottimi risultati, visto il numero di registrazioni, la quantità di idee prodotte e la validità di alcune di esse. Oltre alla realizzazione di alcune proposte, come intendete in futuro trarre valore dalle conversazioni generate?*
Perrier: Ai canali elencati aggiungo la promozione offline nell'ambito dei *roadshow* organizzati da Mulino Bianco nelle più importanti piazze d'Italia, che ha permesso la contribuzione tramite le cartoline distribuite praticamente da quando è stato lanciato il portale. In generale, "Nel Mulino che Vorrei" sta diventando una piattaforma dall'inestimabile valore di comprensione delle persone, un vero e proprio specchio della società espresso attraverso la voce di chi sceglie di partecipare. Il nostro compito dev'essere ascoltare con molta attenzione ciò che viene manifestato perché può consentirci di capire con anticipo e reagire con proporzionale velocità agli insegna-

menti che derivano dagli *insight* catturati. Purtroppo non sempre è facile dedicarsi a questo tipo di analisi, pertanto, con la nostra unità di *market research* stiamo studiando dei meccanismi che consentano di creare un osservatorio permanente. Il suo obiettivo sarà quello di fornire alcuni strumenti che permettano di diffondere queste informazioni all'interno della comunità di marketing dell'azienda. Ad esempio, di recente abbiamo sviluppato una newsletter che raccoglie alcuni highlight delle informazioni emerse in Rete nelle ultime settimane e fa in modo di catalizzare l'attenzione dei *marketer* su temi specifici, arricchendo il loro patrimonio di conoscenza.

Anche il prodotto Pan di Stelle sta avendo una forte spinta sul digitale: raccolta foto (da Flickr), video (da YouTube) e testi (da Twitter), applicazione su iPhone e fan page su Facebook con addirittura quasi 700.000 iscritti e un elevato numero di messaggi. Qual è la strategia digitale seguita? Quando vi siete accorti della forza del lovemark *specifico e delle potenzialità offerte in tal senso dalla Rete?*
Perrier: Della forza del marchio Pan di Stelle ci siamo resi conto da diversi anni. Contestualmente ci siamo anche accorti che Pan di Stelle, più che un prodotto, è un mondo che stimola e fa sognare attraverso un linguaggio creativo e fortemente coinvolgente che chiama alla condivisione. E allora abbiamo cercato di dargli una forma e un'identità, per permettergli di esprimere in modo autonomo e indipendente la propria "personalità". Tutto questo è stato possibile attraverso lo sviluppo di una strategia di comunicazione dedicata che si declina attraverso le confezioni, la pubblicità e, naturalmente, anche mediante gli strumenti digitali, sempre alla ricerca di un modo nuovo di stimolare e valorizzare la creatività delle persone. Ciò che già spontaneamente succedeva in Rete ci ha portato a strutturare il sito di Pan di Stelle come una piattaforma di aggregazione dei contributi delle persone sui diversi social network.

Moder: Pan di Stelle ha un numero elevatissimo di estimatori. Persone che vogliono sentire propri i valori del brand. In sostanza vogliono "pandistellizzare" il proprio mondo. Le persone parlano già online dei loro *lovemarks*, perché li sentono come parte delle loro vite in quanto contribuiscono ad arricchire le esperienze personali. Perché non dare loro quindi gli strumenti giusti per fare in modo che comunichino in modo corretto e coerente il brand e i suoi valori? Il nostro obiettivo consiste nel mettere a disposizione il dizionario adeguato che permetta ai fan di esprimersi secondo le regole del mondo di Pan di Stelle. Inoltre questi canali sono un impareggiabile strumento di coinvolgimento costante delle persone alle iniziative che Pan di Stelle periodicamente organizza sia online sia offline.

Intervista ad Andrea Cardamone

Direttore generale di Webank – La Banca online del Gruppo Bipiemme

L'idea di utilizzare blog, social network e microblogging come strumenti per generare una conversazione tra banche e correntisti ha iniziato a divenire realtà nel 2006 con Webank, la Banca online del Gruppo Banca Popolare di Milano. Webank da alcuni anni sta definendo un approccio progressivo al fenomeno Web 2.0 tramite un podcast quindicinale, un blog, una web tv, una community basata su Q&A e una versione *mobile* dei servizi online specifica per iPhone. Webank ha inoltre creato un proprio profilo sui principali sistemi di microblogging come Twitter e FriendFeed, in modo da promuovere le proprie aree d'interazione e studiare gli strumenti del Real-Time Web monitorandone le conversazioni.

Il direttore generale di Webank, Andrea Cardamone, vede nel Web 2.0 una serie di strumenti di comunicazione semplici ed efficaci per formare l'utente rispetto a diverse tematiche bancarie e finanziarie.

Lo stesso direttore generale della nota banca online si è messo recentemente in gioco partecipando a tavole rotonde con alcuni blogger e trasmettendo i relativi video sul canale YouTube di Webank. Nel maggio 2009, il liveblogging di una *circular table* è stato addirittura trasmesso in diretta tramite FriendFeed, riproducendo una sorta di real-time blogging, uno degli strumenti della quarta C descritta nel capitolo precedente, le Conversazioni.

Webank e il banking online hanno compiuto dieci anni: cos'è cambiato dal 1999 a oggi?

Figura 7.4 **Webank e il real-time blogging**

Molto. Siamo cambiati noi, ma è cambiato profondamente anche il cliente: se fino a pochi anni fa utilizzava internet e il suo conto online per scopi soltanto informativi, oggi è diventato un utente pienamente dispositivo. Rispetto al 1999 i computer sono molto più potenti e gli utenti molto più connessi alla Rete (e molti di loro hanno un abbonamento ADSL). Non solo: il concetto di *mobile* internet sta progressivamente prendendo piede grazie alla diffusione degli smartphone (come ad esempio l'iPhone) e di chiavette USB per la connessione del proprio portatile alla rete UMTS. L'altra grande differenza sta nel fatto che agli inizi degli anni Duemila i clienti online erano di fatto i clienti della banca tradizionale che cambiavano pelle, mentre nei prossimi anni, e in parte oggi, i clienti online saranno clienti di prima "bancarizzazione". Tanto per fare un esempio: chi nel 2000 aveva 15 anni, nel 2010 ne ha 25. Ciò significa che quel ragazzo che si bancarizza nel 2010 si caratterizza per un'attitudine molto più vicina a una banca a basso costo e ad alto servizio che non a un concetto di banca tradizionale.

Un'azienda come la nostra, che fonda la sua ragion d'essere nell'online, ha come obiettivo la creazione di forti e durature relazioni di fiducia con i propri clienti. Tanto più se si parla di banking online, settore in continua evoluzione e in costante crescita, soprattutto negli ultimi anni. Come molti sapranno, le peculiarità di una banca online sono molte: c'è l'elasticità temporale della propria operatività bancaria, non necessariamente legata all'orario di uno sportello. C'è anche il vantaggio economico dettato dai bassi costi di gestione della propria liquidità e spesso dall'alta remunerazione offerta: elementi certamente da non sottovalutare, ma che di per sé non basterebbero se non fossero supportati dall'efficienza del servizio offerto e dalla capacità della banca di costruire una relazione trasparente con i nostri clienti.

Webank offre un esteso bouquet di strumenti del Web 2.0, come ad esempio il blog e il podcast. Cosa vi ha portato ad adottare i social media quale nuovo strumento d'interazione con clienti e prospect*?*

Noi facciamo un business molto tradizionale con modalità innovative e dobbiamo tenere ben presente che la velocità di trasformazione è fortissima ed è un fatto oggettivo. L'esperienza ci insegna che nel futuro dovremo essere capaci di anticipare e prevedere i mutamenti con una tempestività superiore a quella che, in questi dieci anni, hanno avuto i nostri *follower*. L'approccio di Webank con i clienti è premiante, perché stabilisce una relazione tra pari. Noi siamo i primi a saper utilizzare il nostro sistema informatico e l'infrastruttura tecnologica, ma non dobbiamo essere gli unici: questa consapevolezza genera un approccio particolare alla relazione. Quello che sappiamo fare deve diventare patrimonio condiviso con tutti i clienti, e questo è un cambiamento importante nel sistema bancario. Invece di arroccarci su posizioni di superiorità, per presidiare le quali la conoscenza viene distribuita e consegnata in pillole al consumatore, noi condividiamo le informazioni con i clienti. Quest'approccio rientra nella logica del web: l'informazione diventa elemento di condivisione, di passaparola, ed è alimentato dalle modalità che la Rete riesce a sviluppare. Ma il passaggio d'informazione non riguarda solo il contesto della singola impresa: tutto quello che nasce in un link viene distribuito sulla base della volontà dell'utente in infiniti altri punti della Rete. Di conseguenza il perimetro all'interno del quale si trovano l'impresa, il cliente e gli utenti di internet diventa decisamente difficile da individuare perché in linea teorica coincide con l'intera Rete.

Il Web 2.0 rappresenta una sorta di "rivoluzione copernicana", se correttamente interpretata: se fino a poco tempo fa era la banca che comunicava ai clienti, ora la comunicazione si è fatta bidirezionale (il cliente comunica con la banca) e reticolare (il cliente comunica con altri clienti). In poche parole, se prima la banca parlava *ai* clienti, oggi la banca parla *con* i clienti. La stessa attività di comunicazione è stata in qualche modo ridefinita: siamo partiti con un'attività di ascolto e monitoraggio completa e continua nel tempo, "fotografando" la nostra *brand reputation* all'interno dei blog, dei microblog, dei forum e dei newsgroup, affiancandola in seguito a un'attività di dialogo con clienti e *prospect*, cercando di risolvere tempestivamente e con efficacia le eventuali criticità segnalate dagli utenti stessi. Abbiamo capito che il Web 2.0 ci aiuta a raccogliere le istanze degli utenti, ma che al contempo possiamo, con intelligenza e creatività, utilizzare i social media più conosciuti per veicolare contenuti testuali e multimediali di vario genere, in alcuni casi potenzialmente "virali" nella loro diffusione nella blogosfera.

Il Web 2.0 rappresenta quindi un'evoluzione importante della Rete che ci permette di affinare continuamente le modalità di relazione con la clientela. Il comportamento del cliente si modifica con estrema velocità ed è necessario comprendere questa evoluzione nel minor tempo possibile. Dobbiamo tenere sempre conto che oggi esiste un target di clientela costituito dai cosiddetti "nativi digitali", che non vive l'online come una novità, e che si aspetta dalla banca una modalità d'interazione più moderna ed efficace. I nativi digitali sono coloro che hanno imparato a utilizzare con naturalezza strumenti tecnologici che le generazioni precedenti (i cosiddetti "tardivi digitali") hanno dovuto invece imparare a usare in età più avanzata, a volte con difficoltà. Per questo target di clientela il problema della sicurezza del canale online non è percepito come una barriera all'utilizzo.

Non dimentichiamo tuttavia che la miglior *retention* passa in ogni caso dal livello di servizio offerto: nel caso della banca online questo requisito comporta la capacità di fornire risposte in tempi sempre più veloci. Un aspetto molto importante per una banca online è anche la capacità di catturare l'attenzione dei clienti potenziali senza investimenti eccessivi, ad esempio, a livello pubblicitario. Questo va anche nell'interesse del cliente finale, perché più la banca spende per catturarne uno nuovo, meno riesce a essere competitiva dal punto di vista del prezzo offerto. In alcuni casi abbiamo preferito trascurare la pubblicità su tv e stampa, che sono molto costose, pensando invece di sfruttare maggiormente le opportunità di conversazione e confronto offerte dal Web 2.0. Abbiamo insomma pensato di assecondare, con il nostro modo di proporci alla clientela, il passaggio da una concezione di internet impostata su pochi fornitori di servizi e contenuti ("da uno a molti") a una logica di produzione e condivisione "da molti a molti", che rappresenta la vera novità dei social media. Così, ad esempio, siamo entrati nel social networking in punta di piedi, immaginando una comunicazione bancaria insolita rispetto ai canoni tradizionali.

Come inizia la vostra avventura nel web di nuova generazione? Il progressivo interesse verso i social media è volto alla creazione di una identità digitale di Webank, più dinamica e interattiva rispetto al tradizionale sito web?

Intorno al 2002 abbiamo avviato una prima attività di monitoraggio delle conversazioni su forum e newsgroup in un'ottica di *brand reputation*. Per noi era fondamentale e strategico mantenere nel tempo questa attività di osservazione. Nel frattempo abbiamo guardato con crescente attenzione e interesse la diffusione dei blog e dei social network in Italia. Con l'arrivo dei primi social network (prima MySpace e poi Facebook), decidiamo di elaborare una nostra presenza attraverso logiche di comunicazione innovative e creative, preferendo un approccio con gli utenti del Web 2.0 basato sulla relazione piuttosto che sull'advertising tradizionale. Acquisire delle competenze in tal senso per intervenire in questi contesti, decidendo come presentarsi e come interagire con gli utenti, diventa di primaria importanza. L'opportunità che ci si presenta è duplice: da un lato c'è la possibilità di raccogliere le richieste dei clienti per definire la nostra *brand reputation* attraverso l'ascolto e il monitoraggio dei contenuti generati dagli utenti; dall'altro l'impresa ha la possibilità di diventare essa stessa parte del Web 2.0, generando spazi e contenuti propri e declinandoli secondo i linguaggi dei vari social media. Decidiamo quindi di inserire all'interno dell'ufficio che si occupa di relazioni pubbliche e del controllo della *brand reputation* un New Media Specialist. Comincia così nel 2006 la costruzione di una presenza strutturata dell'azienda nel mondo dei social media. L'obiettivo è quello di comunicare, diffondere e conversare nei social media: comunicare i nostri contenuti riguardanti prodotti e servizi Webank con i mezzi del Web 2.0, diffondere questi contenuti utilizzando le potenzialità virali degli strumenti del Real-Time Web, conversare con gli utenti per raccogliere commenti e suggerimenti sul nostro fare banca. La scelta di non affidarsi a service esterni per l'ideazione e la produzione dei contenuti diventa lungimirante: tutta l'azienda, a diversi livelli, viene coinvolta nello sviluppo di una maggiore consapevolezza e competenza su questi nuovi strumenti.

Il vostro approccio d'inserimento incrementale degli strumenti Web 2.0 è frutto di una strategia con una roadmap *definita a priori?*
Ogni social media possiede una propria modalità di linguaggio. Noi ne teniamo sempre conto, in modo tale da mettere a disposizione dell'utente diversi formati (audio, video, foto, testo, microtesto). Lo

abbiamo fatto, ad esempio, con la nostra iniziativa su MySpace, dove nel luglio 2007 abbiamo creato una pagina dedicata a un White Terrier, "W@bbieTheDog", rappresentato in forma fumettistica attraverso strisce mensili realizzate da Eriadan (uno dei più famosi vignettisti-blogger italiani), nelle quali di volta in volta si veicolavano temi attinenti all'operatività bancaria online. In una fase iniziale, pur disseminando numerosi indizi nelle strisce pubblicate, non è stato dichiaratamente svelato che fosse associato alla banca: ebbene, col passare del tempo, questo cagnolino virtuale ha finito per generare l'interesse di migliaia di persone che si sono chieste chi fosse e alla fine si sono affezionate, interagendo con lui tramite commenti e diffondendo l'iniziativa all'interno della propria rete di contatti online. Riteniamo sia un esempio ben riuscito di campagna web basata sul marketing virale, con una chiave di avvicinamento a noi molto diversa dalle comunicazioni pubblicitarie che siamo abituati a vedere, ad esempio, in televisione. Da una parte è stato creato interesse nei nostri confronti, mantenendo contenuto il rapporto tra costo e contatto. Utilizzando questo *character* siamo riusciti a essere meno autoreferenziali nella comunicazione dal momento che abbiamo chiesto al consumatore d'interpretare un ruolo molto attivo. Dopo pochi mesi abbiamo dato inizio all'esperienza radiofonica con il podcast, grazie al quale i nostri manager hanno spiegato i meccanismi e le opportunità che offre una banca online come la nostra, rispondendo a tutte le domande provenienti dagli utenti di TalkWebank, la nostra community. Il lancio di ogni nostro social media è sempre preceduto da una dettagliata stesura di un "piano editoriale", durante la quale cerchiamo di capire cosa metterci dentro, a chi comunicarlo e in che forma. In questo modo si garantisce continuità nella produzione di contenuti aggiornati.

Come pensate di rendere ancora più social *l'esperienza di navigazione all'interno del vostro sito integrando maggiormente gli strumenti appena descritti?*

Nella prossima *release* del sito verrà implementata una sorta di "barra degli strumenti *social*", che accompagnerà la navigazione dell'utente in ogni nostra pagina. In ogni momento, quindi, potrà condividere e inviarci messaggi tramite i social media da lui (e da noi) utilizzati. Inoltre la sezione "Sala Stampa" verrà rivista e innovata, trasformandola in una "Social Media News Room": l'intenzione è quella di creare un hub dove il contenuto delle informazioni da noi prodotte quotidianamente verranno organizzate e rese disponibili in un'unica pagina tramite i nostri strumenti Web 2.0 (il blog "In Soldoni", Radio Webank, WebankTV ecc.). In quella che oramai viene chiamata "mediasfera" non vi sono più solamente giornalisti, ma anche utenti di social media che possono ritenere l'informazione "catturata" di loro interesse e propagarla attraverso i loro strumenti. Ecco, noi cerchiamo di facilitare questo processo di condivisione e di diffusione, dando anche la possibilità di "scomporre" l'informazione, lasciando all'utente la libertà di inviare, riguardo a una nostra iniziativa ad esempio, il link del comunicato piuttosto che il link alla relativa puntata del podcast. Il tutto fruibile, attraverso specifici rimandi, sia da Twitter sia da FriendFeed. Con questo approccio vogliamo trasmettere la disponibilità al dialogo di un'azienda tesa al continuo miglioramento di se stessa, grazie anche ai suggerimenti dei suoi utenti. È in quest'ottica che nella homepage del sito inseriremo inoltre la possibilità per gli utenti della Rete di inviarci suggerimenti per migliorare i nostri prodotti e servizi. Tutto in un'ottica di totale trasparenza e di circolarità: il perimetro della nostra azienda non racchiude soltanto i dipendenti, ma tutti i nostri clienti.

La vostra interazione con la Rete si è spinta all'utilizzo dei nuovi strumenti del Real-Time Web, quali Twitter e FriendFeed. Cosa ci fa una banca nel mondo del microblogging?
È una modalità d'interazione che in questi ultimi tempi viene trasversalmente utilizzata da diversi soggetti, non ultime le aziende (che però devono "imparare" a parlare come i loro utenti). FriendFeed, inoltre, convoglia in un unico flusso le produzioni di un utente provenienti dai vari social media. Offriamo quindi un veloce sguardo d'insieme sui nostri contenuti, oltre a rispondere, come è già successo, a domande provenienti da clienti Webank presenti su FriendFeed. Stesso discorso per Twitter, strumento agile e veloce che, tra le altre cose, ci permette di avere sempre la percezione del *sentiment* degli utenti di questo strumento di microblogging riguardo ai prodotti e ai servizi Webank.

Le faccio un esempio: siamo stati la prima banca italiana ad avere una pagina su FriendFeed, generando curiosità e interesse da parte di molti utenti della piattaforma, che hanno segnalato più di una volta i nostri contenuti, discutendone poi con altri utenti. Uno di loro ha in seguito partecipato alla nostra *circular table*, in un botta e risposta con me e i nostri manager su alcuni dettagli riguardanti la nostra applicazione per iPhone. Questo non fa altro che confermare un'attenzione quasi maniacale nei confronti dei bisogni dell'utente, sempre e ovunque. Lo facciamo, ad esempio, sia tramite uno strumento tradizionale come quello dell'Help Center, sia tramite TalkWebank. Su Twitter e FriendFeed, ovviamente, non facciamo eccezione.

Il mobile banking, *anche grazie all'iPhone, sta conoscendo una diffusione sempre più estesa. Cosa ha fatto Webank in tal senso?*
In contemporanea con il lancio commerciale dell'iPhone in Italia, nel luglio 2008, abbiamo reso disponibile una versione del nostro sito ottimizzata per lo smartphone di Apple. Successivamente abbiamo realizzato l'applicazione Webank per iPhone e per moltissimi modelli di smartphone, consentendoci di essere sempre vicini al cliente e ai suoi bisogni, dandogli la possibilità di utilizzare in modo semplice e veloce i più importanti strumenti di gestione di finanza personale. Il *mobile banking*, soprattutto con l'avvento dell'iPhone, è un settore in continua evoluzione, sul quale la nostra attenzione è particolarmente elevata, soprattutto nei confronti di ciò che, ad esempio, alcune banche americane stanno sperimentando in tal senso. Le potenzialità che intravediamo, in un futuro dove internet non sarà necessariamente legata a un computer fisso o a un portatile, sono immense. La nostra sfida è saperle cogliere, dando al cliente un'opportunità che, in certi casi, può rivelarsi preziosa.

I social media sostituiranno mai i focus group, tradizionali strumenti d'ascolto delle aziende? Come ha impattato sulle dinamiche interne la loro progressiva adozione?
Ovviamente no, piuttosto potranno affiancarsi a essi. Con un vantaggio di non poco conto: con i social media riusciamo ad avere il polso della situazione, in tempo reale, su quanto i nostri prodotti e

servizi siano apprezzati o su cosa c'è ancora da migliorare. Tutto questo non può che far bene a un'azienda: non bisogna demonizzare le recensioni degli utenti. Jeff Jarvis, blogger americano, sostiene che «il nostro peggior cliente è il nostro migliore amico», perché ci dice cosa non va e cosa deve essere sistemato. Afferma inoltre che «il nostro miglior cliente è il nostro miglior partner», perché parla bene di noi a chiunque conosca, veicolando spontaneamente il valore della nostra azienda.

Ma non basta: una delle sfide è stata quella di rendere profondamente consapevoli tutti i nostri dipendenti delle opportunità offerte dai social media, invitandoli anche a suggerirci idee per migliorare i nostri contenuti e mostrandogli come, grazie ai social media, possono veder riconosciuto il loro contributo. Webank è un vero e proprio microcosmo, e i nostri social media non fanno altro che raccontarlo. Con la passione con la quale lavoriamo da oramai più di dieci anni. Per garantire sempre elevata efficienza e prodotti competitivi.

Conclusioni

Il 17 giugno 2008, durante un evento organizzato dal MIP Politecnico di Milano dal nome "Il Marketing del 3° millennio", ho provato a chiedere a Philip Kotler – considerato uno dei guru del management – che cosa ne pensasse dell'influenza dei social media sulle pratiche di marketing e sulla necessità di fondare una nuova corrente in grado di diffonderne l'importanza. La mia domanda, abbastanza concisa per motivi temporali, ha tentato di includere a grandi linee buona parte delle tematiche trattate in questo libro:

> I business model emergenti basati sul social networking, l'engagement e il concetto di *free* stanno mostrando un crescente bisogno di coinvolgere i clienti nella creazione dell'offerta e nel processo di innovazione. L'integrazione tra il marketing, la gestione dell'innovazione e il design strategico potrebbe rappresentare il vantaggio competitivo generato da una nuova scuola di marketing che interpreti correttamente l'era del Web 2.0?[1]

La risposta di Kotler, la cui prolissità è stata arginata dalla morsa del tempo e la cui intelligibilità è stata limitata dall'acustica della sala, è riassunta in queste parole:

> Il marketing del futuro riguarderà l'esperienza. Il web sta per giocare un ruolo sempre più importante nelle nostre vite. La parola magica è "metrica":

---

[1] Domanda originale: «The emerging business models based on social networking, engagement and the concept of "for free" are showing a growing need to involve customers in value proposition design and in the innovation process. Might the integration between marketing, innovation management and design be the leading edge of a new marketing school for the Web 2.0 era?».

> parlando di siti, si può misurare qualsiasi sorta di dato. Ci sarà un aumento delle vendite online, perfino i dentisti troveranno le loro sedie su internet. Ovviamente, ciò danneggerà i negozi tradizionali. Tuttavia va considerato se il prodotto è adatto all'online e se il relativo sito è disegnato in maniera adeguata: è necessario prestare massima attenzione a tutto ciò.[2]

La risposta di Kotler, pur essendo ermetica, è abbastanza esaustiva. Ci sarà un importante incremento delle vendite online in futuro e il processo di acquisto sarà una vera e propria esperienza (Community). Il web sta giocando un ruolo comunicativo sempre più importante nelle nostre vite (Conversazioni). Gli utenti possono acquisire qualsiasi tipo di informazione tramite la Rete (Controllo) e, per contro, le aziende possono acquisire qualsiasi tipo di dato attraverso i propri spazi di condivisione. Il prodotto e le piattaforme di proposizione di quest'ultimo devono essere quindi pronti per un confronto con la Rete (Creatività).

A valle di questo scambio di battute, ho deciso di scrivere questo libro.

---

[2] Risposta originale (da considerare che il testo è tratto da un liveblogging e quindi non del tutto attendibile – http://tinyurl.com/4c6cse): «Future marketing is about experiential marketing. Web is about to play a larger and larger role in our lives. The magic word is metrics: talking about websites, measure, you can get all kind of data. There'll be an increase in online selling, even dentists find dental chairs online. So, that's going to hurt the stores. But you have to consider, whether your product is ok for the online, and your website is designed for it: pay attention to that».

Bibliografia minima

Anderson C. (2007), *La coda lunga. Da un mercato di massa a una massa di mercati*, Codice Edizioni, Torino

Anderson C. (2009), *Gratis*, Rizzoli, Milano

Boaretto A., Noci G., Pini F.M. (2007), *Marketing Reloaded*, Il Sole 24 Ore, Milano

Boaretto A., Noci G., Pini F.M. (2009), *Open Marketing*, Etas, Milano

Camisani Calzolari M., Giacomazzi F. (2008), *Impresa 4.0. Marketing e Comunicazione Digitale a 4 direzioni*, Pearson Education Italia, Milano

Carnevale Maffe C.A. (2007), "Il vero valore dei social network", *Nova24-Il Sole 24 Ore*, 11 ottobre

Cova B., Giordano A., Pallera M. (2008), *Marketing non-convenzionale. Viral, guerrilla, tribal e i 10 principi fondamentali del marketing postmoderno*, seconda edizione, Il Sole 24 Ore, Milano

Dawkins R. (1994), *Il gene egoista*, Mondadori, Milano

De Biase L. (2007), *Economia della felicità. Dalla blogosfera al valore del dono e oltre*, Feltrinelli, Milano

De Felice L. (2007), "La TV cavalca il Web 2.0", *Computer World*, 3 settembre (1ª parte), 10 settembre (2ª parte)

De Felice L. (2008), "C'è la rivoluzione. Ve n'eravate accorti?", *Computer World*, 7 aprile

Di Bari V., a cura di (2007), *Web 2.0. Internet è cambiato. E voi? I consigli dei principali esperti italiani e internazionali per affrontare le nuove sfide*, Il Sole 24 Ore, Milano

Diegoli G. (2008), "Minimarketing. 91 discutibili tesi per un marketing diverso", Simplicissimus Book Farm (http://tinyurl.com/ybbew9c)

Fabris G.P. (2009), *Societing. Il marketing nella società postmoderna*, Egea, Milano
Getz I., Carney B.M. (2009), *Freedom, Inc.: Free Your Employees and Let Them Lead Your Business to Higher Productivity, Profits, and Growth*, Crown Business, New York
Granieri G. (2006), *La società digitale*, Laterza, Roma
Grivet Foiaia L. (2007), *Web 2.0. Guida al nuovo fenomeno della Rete*, Hoepli, Milano
Kotler P. (2009), *I dieci peccati capitali del marketing. Sintomi e cure*, Il Sole 24 Ore, Milano
Kotler P., Keller K. L. (2007), *Marketing Management*, Addison Wesley Longman Italia, Milano, 2007
Lauterborn R. (1990), "New Marketing Litany: 4P's Passe; C-words Take Over", *Advertising Age*, 1° ottobre
Levine R., Locke C., Searis D., Weinberger D. (2001), *Cluetrain Manifesto. The end of business as usual* (a cura di Tombolini A.), Fazi Editore, Roma
Li C., Bernoff J. (2008), *L'onda anomala. Interagire e collaborare con i consumatori ribelli*, Etas, Milano
Livingston J. (2007), *Il coraggio e la visione. Il lato segreto dei creatori di successo*, Mondadori, Milano
Maslow A.H. (1954), *Motivation and Personality*, Harper & Brothers, New York
Massarotto M. (2008), *Internet P.R. Il dialogo in Rete tra aziende e consumatori*, Apogeo, Milano
McKenna R., "Real-Time Marketing", *Harvard Business Review*, 73(4), 1995
Moore G.A. (1991), *Crossing the Chasm: Marketing and Selling High-Tech Products to Mainstream Customers*, Harper Business Essentials, New York
Palfrey J., Gasser U. (2009), *Nati con la rete. La prima generazione cresciuta su Internet. Istruzioni per l'uso*, Rizzoli, Milano
Pink D.H. (2005), *A Whole New Mind*, Riverhead Books, New York
Riva G., Pettiti M., Uggè E. (2007), *Oltre la televisione. Dal DVB-H al Web 2.0*, LED Edizioni Universitarie, Milano
Roberts K. (2004), *Lovemarks: The Future Beyond Brands*, PowerHouse Books, New York
Roberts K. (2007), *Effetto lovemarks. Vincere nella rivoluzione dei consumi*, Franco Angeli, Milano

Scoble R., Israel S. (2007), *Business blog. Come i blog stanno cambiando il modo di comunicare dell'azienda con il cliente*, Il Sole 24 Ore, Milano

Tapscott D., Williams A.D. (2007), *Wikinomics. La collaborazione di massa che sta cambiando il mondo*, Rizzoli, Milano

Wiseman R. (2003), *Fattore Fortuna*, Sonzogno, Roma

Riferimenti sitografici

Un libro sta a internet come una fotografia sta a una diretta video. I riferimenti di *Marketing conversazionale*, grazie alla loro completa reperibilità sul web, saranno dinamici e, per quanto possibile, sempre attuali.

- La bibliografia aggiornata di *Marketing conversazionale* è reperibile su aNobii (www.anobii.com).[1]
- La sitografia di *Marketing conversazionale* è reperibile su Delicious (www.delicious.com).[2]
- Il glossario dei termini utilizzati nel libro lo si trova su Wikipedia (www.wikipedia.org), ricercando direttamente i termini (es. microblogging).
- I siti dei servizi web citati nel testo sono rintracciabili tramite Google inserendo come parola chiave il relativo nome e consultando le voci entro i primi risultati (es. Flickr, YouTube, aNobii).
- Alcuni indirizzi internet sono stati ridotti di lunghezza grazie al servizio TinyUrl (www.tinyurl.com).
- La tag cloud presente dopo l'introduzione raggruppa tutte le parole più utilizzate nel libro ed è stata realizzata con Wordle (www.wordle.net).
- Il QR Code è una sorta di codice a barre che permette di collegarsi a un sito internet senza dover digitare il relativo URL; quello pubblicato sulla quarta di copertina del libro, ad esempio, indirizza al blog dell'autore. Per utilizzarlo è necessario fotografarlo con il proprio cellulare e decodificarlo con un qualsiasi lettore di QR Code (es. un'applicazione per iPhone può essere BeeTagg: www.beetagg.com).

---

[1] Libreria dell'account "marketingconversazionale".

[2] http://www.delicious.com/marketingconversazionale

- Maggiori informazioni sull'autore del libro le trovate su LinkedIn[3] e Facebook.[4] Potete contattarlo su Twitter[5] e FriendFeed[6] o più semplicemente tramite Skype[7] o via e-mail (marketingconversazionale@lucadefelice.com).
- La genesi di *Marketing conversazionale*, come la sua astratta prosecuzione nel futuro, è intimamente legata ai contenuti di "I have an iDEa!", il mio blog (www.lucadefelice.com),[8] aperto nel 2006 e da allora luogo di raccolta delle mie esperienze in Rete e identità digitale capace di arricchire e migliorare quella reale.

---

[3] www.linkedin.com/in/lucadefelice

[4] www.facebook.com/lucadefelice1

[5] www.twitter.com/lucadefelice

[6] www.friendfeed.com/lucadefelice

[7] Account "luca.defelice".

[8] La sezione dedicata al libro è raggiungibile all'indirizzo www.lucadefelice.com/blog/marketingconversazionale. Tale area è destinata alla raccolta di eventuali integrazioni, precisazioni, materiale e riferimenti relativi a *Marketing conversazionale*.

Ringraziamenti

Questo progetto editoriale nasce all'incirca tre anni fa senza un preciso intento. È il frutto di diverse passioni dai confini poco marcati, che nella mia vita si alternano "rubandosi" vicendevolmente il mio tempo e sottraendolo soprattutto a Elisa. Grazie a lei, che da più di dieci anni ha saputo supportarmi e sopportarmi, ho costruito il mio percorso di crescita personale e professionale.

Oltre a Elisa, non posso far altro che ringraziare la mia famiglia per il sostegno costante che mi ha permesso di dedicarmi totalmente alle mie attività accademiche e professionali. In particolare, mio padre per avermi trasmesso i fondamenti del marketing tradizionale, mia madre per essersi prestata ai miei esperimenti in Rete, e mia sorella Diana, degna rappresentante della Generazione C e, in quanto tale, ispiratrice di nuovi *concept* e idee. Un pensiero va anche a mio zio Domenico, blogger originale e stravagante, oltre che maniacale cultore dell'oggettistica hi-tech, e a mia zia Donatella, che si è prestata a una revisione del libro, pur essendo questo particolarmente distante dalle sue tradizionali letture.

Ringrazio Tatiana Rizzante, Matteo Ulrico Hoepli, Eugenio Perrier, Pepe Moder e Andrea Cardamone per la loro cortesia nel sottoporsi alle interviste, fornendo in molte occasioni preziosi spunti utili alla stesura del libro: ho avuto modo di confrontarmi con persone dall'alta caratura professionale e dalla grande disponibilità e umiltà, visto che alcuni di loro sono stati da me contattati e conosciuti per la prima volta tramite social network.

In questo elenco di professionisti non può certamente mancare Fabrizio Galimberti, che mi ha aiutato con validi suggerimenti e che ha scritto una prefazione capace di impreziosire quest'opera.

Ringrazio Reply, per avermi dato la possibilità di partecipare a progetti sfidanti e di frontiera attraverso i quali ho approfondito l'applicabilità di determinate innovazioni tecnologiche e dinamiche sociali in ambito aziendale; i colleghi di TamTamy, specialmente Fabio Gandola, Lucia Randone, Silvia Camarca, Luca Zappa e Nicola Tassini per le esperienze condivise e il supporto continuo; i colleghi di Live Reply di Milano, Torino e Roma che hanno saputo accogliermi nella mia nuova avventura professionale e che negli ultimi mesi hanno profondamente influenzato alcune mie teorizzazioni.

Un pensiero va inoltre agli ex colleghi di H3G Italia, in particolare Alessandro Galetto, Massimo Pettiti, Riccardo Cuomo e Frangino Lucarini, grazie ai quali ho gettato le basi di questo libro.

Infine ringrazio tutti coloro che in questi anni si sono confrontati con me sia online, tramite il blog e i diversi spazi conversazionali della parte abitata della Rete, sia offline durante le diverse occasioni d'incontro a convegni e seminari.